文研馆·大先生

张世英画传

李超杰 著

北京大学出版社
PEKING UNIVERSITY PRESS

图书在版编目（CIP）数据

张世英画传 / 李超杰著 . —— 北京：北京大学出版社，2025.2.
（文研馆·大先生）. —— ISBN 978-7-301-35886-3

Ⅰ. K825.1-64

中国国家版本馆 CIP 数据核字第 2025XH1359 号

书　　　名	张世英画传 ZHANGSHIYING HUAZHUAN
著作责任者	李超杰　著
封面题签	邵大箴
责任编辑	田　炜
标准书号	ISBN 978-7-301-35886-3
出版发行	北京大学出版社
地　　　址	北京市海淀区成府路 205 号　100871
网　　　址	http://www.pup.cn　新浪微博 @ 北京大学出版社
电子邮箱	编辑部 wsz@pup.cn　总编室 zpup@pup.cn
电　　　话	邮购部 010-62752015　发行部 010-62750672 编辑部 010-62767315
印　刷　者	天津裕同印刷有限公司
经　销　者	新华书店 650 毫米 ×980 毫米　16 开本　21 印张　262 千字 2025 年 2 月第 1 版　2025 年 2 月第 1 次印刷
定　　　价	148.00 元

未经许可，不得以任何方式复制或抄袭本书之部分或全部内容。
版权所有，侵权必究
举报电话：010-62752024　电子邮箱：fd@pup.cn
图书如有印装质量问题，请与出版部联系，电话：010-62756370

目 录
CONTENTS

一、从柏泉到西南联大 001

（一）从柏泉走出的"大先生" / 001

（二）哲学启蒙老师：父亲张石渠 / 005

（三）就读湖北联中：中国基础教育的"西南联大" / 010

（四）无问西东：沐浴在西南联大自由的阳光雨露下 / 015

二、从先生到"大先生" 036

（一）走出象牙之塔："天涯浪迹岁蹉跎" / 036

（二）学术上的春天："羁鸟恋旧林" / 062

三、从哲学史家到哲学家 100

（一）深耕黑格尔哲学 / 100

（二）会通中西方哲学 / 114

（三）创立"万有相通"的哲学体系 / 130

四、从哲学家到美学家 141

（一）人生境界说 / 141

（二）"美在自由"与"美感的神圣性" / 147

（三）审美启蒙论 / 153

五、从作者到编者 162

（一）主编《光明日报·哲学》专刊 / 162

（二）主编《德国哲学》和《中西哲学与文化》 / 165

（三）主编《黑格尔辞典》和《新黑格尔主义论著选辑》 / 175

（四）主编"世界思想家译丛"和《黑格尔著作集》 / 183

六、从中国到世界 187

（一）走出国门的黑格尔研究 / 187

（二）走向世界哲学舞台 / 195

（三）在第 18 届世界美学大会上做主题发言 / 211

（四）第 24 届世界哲学大会上的中国声音 / 213

七、百岁哲人的诗意人生 219

（一）喜欢古典音乐 / 219

（二）文学与哲学的联姻 / 220

（三）用书法表达哲思 / 239

（四）"性本爱丘山" / 253

（五）长寿之道 / 273

八、致敬"大先生" 287

（一）感谢与祝福：汪子嵩、张世英、黄枬森三老九秩百人
学术研讨会 / 287

（二）获授"北京大学哲学教育终身成就奖" / 289

（三）"境界与文化"学术研讨会暨张世英先生九五寿诞祝寿会 / 291

（四）《哲学导论》荣获第三届"思勉原创奖" / 294
（五）张世英美学哲学学术奖励基金 / 295
（六）获授"汤用彤学术奖" / 300
（七）"张世英与当代中国比较哲学"学术研讨会 / 301
（八）百岁哲人张世英先生追思会 / 302
（九）张世英哲学思想研究 / 305
（十）张世英书院揭牌 / 307

注　释 311

主要参考文献 318

张世英年谱 320

后　记 330

一、从柏泉到西南联大

（一）从柏泉走出的"大先生"

1921年5月20日，张世英出生于湖北省武汉市东西湖区的柏泉乡。"柏泉"二字因境内的一口古井而得名。相传，当年大禹植柏于汉阳龟山，灵根穿越四十余里至此，化作两条鲤鱼，横卧井底，喷然出泉。古井位于一片荷塘的中央，井水清澈甘甜，常年高于荷塘水面尺许，终年不枯，且从不因井外荷塘水势的涨落而有所起伏。清代柏泉名士张三异（1609—1691）曾作《柏井歌》如下：

夏王植柏别山顶，柏根直抵文山井。
井底居然留双根，蜿蜒竟似鱼龙影。
泉中有水清且涟，核实循名号柏泉。
孤根不生亦不死，绵延已经千百年。
…………
君不见，柏泉之乡山与水，山势逶迤水清美。
夏秋浩森涨西湖，云泽淡荡九百里。
…………

柏泉古镇俗称茅庙集，其历史可追溯至殷商时期。相传昔日一高僧

图 1-1　柏泉古井

图 1-2　茅庙集（张世英题）

图 1-3　柏泉景德寺

云游至柏泉，编竹为椽，结茅成庐，故以茅庙名之。简陋的茅庙香火盛传，逐渐形成熙来攘往的集市。柏泉是东西方文化的交汇之地。唐末年间，有位得道高僧来到柏泉，相中了这块风水宝地，便倾其化缘之资，选定山坡建起寺院，定名金台寺。到北宋景德年间，该寺进行了全面修缮，更名为景德寺。历史上，景德寺曾与汉阳归元寺、武昌宝通禅寺齐名。景德寺有两大奇观：一是庙旁有两块望天收的香火田，无水救荫，只靠山沁，但年年丰收。一是正殿屋脊上自生一株桃树，高四尺许，枝叶繁茂，年年开花结果，人们称其为仙桃。寺内曾设有学堂，不少当地人幼时就是从这里开蒙的。

距景德寺不远，坐落着一幢欧式建筑，这便是 1840 年由意大利传教士建造的柏泉天主堂，又称圣安多尼小修院，这是武汉地区最早的天主教堂，堂内曾设小学和修道学院。柏泉天主堂在我国天主教史

图 1-4 柏泉天主堂

上占有重要地位,宗教界著名爱国人士、中国天主教第一位自选自圣主教董光清(1917—2007)早年曾就读于此,仙逝后遗体也安放于此。在柏泉这块不大的地界上,寺庙与教堂并存,形成了一道独特的风景。

在东西湖地区,柏泉张氏家族是最为显赫的一个家族。因家族祖居西湖老屋湾,俗称西湖张氏,又因其地当时属汉阳县丰乐里三甲,又称"三甲张"。元朝末年,张氏兄弟从江西逃难至柏泉,在此安家立业。在六百多年的时间里,张氏家族人才辈出,仅清顺治初年到乾隆末年约一百五十年间,就出了 2 位进士、16 位举人,嘉庆年间获御赐"八省名宦 五世乡贤"金匾。20 世纪上半叶,一个由这片沃土和这个家族养育的、有着柏泉古井之"风骨"的睿智少年,将从这里出发走向世界。

（二）哲学启蒙老师：父亲张石渠

张世英的父亲张石渠（1893—1951）本名张启阁，因得知西汉皇室藏书处名为"石渠阁"（省作"石渠""石阁"），便以"石渠"作为自己的"字"，遂通行于社会。他自幼家境贫寒，靠借债才得以在私塾念书。为了筹钱购买一部《康熙字典》，不得不到一家富户去打短工。自幼好学的他曾在自己书桌上贴了一个座右铭："无穷岁月增中减，有味诗书苦后甜。"偶然从汉口回到老屋湾的一位族长，看到了这副对联，很受感动，便资助他到汉阳晴川中学读书，后靠公费就读于武汉大学的前身——国立武昌高等师范学校教育系。毕业后他长期执教于武汉中小学，教授国文和历史等课程。由于厌恶城市里的名缰利锁，终生不曾把眷属迁到城里，一有空闲，便赶回他的"桃花源"，下地干活。

图 1-5 父亲张石渠先生

图 1-6 石渠先生和次子一起糊泥墙

图 1-7　初中毕业于汉口市立一中时合影（1937 年 12 月）

他常常一手扶着犁梢，一手持着诗书，邻里都称他是"戴眼镜的种田先生"。

石渠先生有六个子女，因无力让所有孩子都接受教育，便把希望寄托在了张世英一人身上。父亲经常对他说："我没有能力供应你两个弟弟念到大学，可我一定要把你培养到大学毕业，我们家一定要出一个大学生！"张世英9岁前在乡间私塾读书，每逢父亲寒暑假回乡，便教他背《论语》《孟子》和《古文观止》，《桃花源记》《归去来兮辞》和《五柳先生传》是他背诵最熟的名篇。父亲经常在他面前称道陶渊明"不慕荣利""不为五斗米折腰"，给他幼小的心灵打上了老庄哲学的烙印。父亲还经常借柏泉古井教导他：生长在"柏泉"这块土地上，就要像柏泉古井那样，不随波逐流，出淤泥而不染。

9岁那年，张世英跟随父亲到汉口市念小学。一次，父亲给他讲解《论语·公冶长》上的"子曰：盍各言尔志？"时，叫他谈一谈自己的志向，张世英当即作了言志诗一首："清晨荆扉开，儿童移树栽。待到十年后,儿树两成材。"父亲看了后,很高兴地笑了笑说:"够得上打油诗的了,还有点志气。"从这时起,父亲开始教他古文,并要求他每个月写一篇文言文。小学五年级时,张世英参加了汉口市小学国文、数学竞赛,均获五年级组第一名。此后,石渠先生越发鼓励他读古文,写好文章。

初中阶段,父亲开始教他读《〈史记〉菁华录》和《庄子》,联系"不食嗟来之食"的故事,教他一些"做人要有骨气"的道理,告诫他"官场不可进,要做学问中人"。与《论语》相比,张世英更喜欢《庄子》,尤其欣赏庄子的自由与洒落,这种偏好一直持续到晚年。在父亲的影响下,他痛恨当时的官场和社会上的不平等现象,经常有打抱不平之举。比如,看到警察棒打人力车夫的场景,他就会怒目而视,上前和警察理论;看到邻居家长辈打骂儿媳妇,他便会到人家家里去理论。一日,汉口市市长吴国桢到他念书的汉口市一中讲演,一副官僚面目和气焰触怒了他,于是,他便在当天的体育课上借故高唱岳飞的《满江红》以泄愤。结果,那年的操行成绩被列为丙等。在国文老师的鼓励下,他参加了全市中学国文年级比赛,并获第一名。比赛的作文题目是《论时间》,国文老师评价他的作文"颇有哲理"。

1938年上半年,南京失守,国民政府迁都重庆。在途经武汉时,蒋介石曾在汉口市立第六小

图1-8　初中毕业照(1938年1月)

图 1-9 抗战期间摄于老屋湾（前排左起：张世英母亲周明秀、奶奶张余氏、父亲张石渠；后排左起：小妹张元英、二弟张世华、小弟张世藩、大姐张菊英）

学住过几日。石渠先生是六小教务主任，与父亲同住的张世英曾从二层楼房的楼道里见到过蒋介石的背影，那时的蒋介石还是"万民崇敬的抗日领袖"。不久，武汉沦陷，石渠先生辞去汉口市立第六小学教务主任，回到老屋湾，租种田地。当时，一家九口的生活非常艰难，即使这样，他也从未向日伪低头。一次，张世英的小弟饿得哭闹起来，石渠先生把两根筷子摆在他面前说："我们面前有两条路：一条当汉奸，可以吃饱饭，一条在柏泉这个小岛上务农，不当汉奸，生活就会很艰苦，你走哪一条？"小弟立即指向后者，并且顿时就不哭了。

在此期间，日伪汉口市治安维持会会长多次请石渠先生出任汉口市教育局局长，甚至派人预送一个月工资 90 元日钞，他坚辞不就。日军为了加强对占领区人民的控制，强迫中国人办"良民证"，这对石渠先生来说是莫大的侮辱。于是，他在"良民证"上改名"愚溪"，并且解释说"石最愚，溪即渠。字面虽改，素质不移"。良民证上须贴照片，石渠先生"不愿意在敌人面前暴露真形,不肯用旧照,重新照相时,摘除眼镜,剃光头发。在敌人面前改名异形,既是为保全自身的高洁,也是对敌人的巧妙斗争"[1]。一次,石渠先生无故被"黄卫军"抓去,关押在一间土房里。获释后他对子女说:"我这一辈子没坐过牢,这是头一次,而且坐的是日伪的牢房,这是我个人奇耻大辱,也是国耻的一部分。一定要牢记,立志成才,洗刷国耻家耻!"[2]

武汉沦陷后,柏泉所有小学停办,整个柏泉乡的儿童全部失学。石渠先生亲自动手,筹措桌凳,于1941年在"张氏宗祠"创办了老屋湾小学。学生少时10余人,多时约40人,分为五六个年级。由于只有他一名教员,给一个班上课时,便给其他班布置作业。石渠先生自编《民族正气文抄》等教材,以抵制日伪教材,以"还我河山"为主题,向孩子们讲述岳飞、屈原、文天祥的故事,教孩子们唱岳飞的《满江红》,对学生进行爱国主义教育。

抗战胜利后,石渠先生任湖北省立汉阳高中教务主任,新中国成立后任武汉市裕华小学的校长。去世时仅留下破房一所,书籍12

图 1-10 抗战期间张石渠先生对老屋湾的孩子们进行爱国主义教育

箱。他一生不慕荣利，刚正不阿，甘于清贫，对张世英世界观的形成起了重要作用。

（三）就读湖北联中：中国基础教育的"西南联大"

1938年6月，武汉会战打响。为保存湖北教育之基，同时为抗战培养人才，湖北省政府将省内47所公私立中等以上学校组建为"湖北省立联合中等以上学校"，简称"湖北联中"。联中校长由第九战区司令长官兼湖北省政府主席陈诚亲任，副校长由湖北省教育厅陈剑翛厅长兼任，校本部开始设在武昌，后迁往宜昌，再迁到恩施。联中下设22所分校，遍布于鄂西、鄂北各安全县乡，均以迁往地的地名

图1-11 "湖北联中"建始分校旧址

命名。学校实行免费教育，登记在册的学生超过 17000 人，除省内学生外，还有省外流亡学生 3000 余人，堪称中国基础教育的"西南联大"。以省立武昌中学、武昌高级中学、江陵中学、宜昌中学为基础组建的"湖北省立联合中等以上学校均县武当高中分校"即为 22 所分校之一，正在省立武昌高级中学读高一的张世英随母校迁往武当山。因逃亡路上交通阻塞，便随父亲石渠先生的一位同窗去了"湖北省立联合中等以上学校巴东高商分校"（简称"联中高商"），在那里借读了一年。

图 1-12　"湖北联中"武当山高中分校纪念碑

"联中高商"坐落于巴东县巫峡边的楠木园。楠木园古镇因盛产楠木而得名，镇上有骡马店、油坊、客栈、茶馆、酒店、商店等 40 余家。学校坐落在距江边约三公里的山腰处，将王爷庙用作厨房和饭厅，自搭茅草屋作教室，借民房作宿舍，生活条件非常艰苦。张世英回忆道："我们学生宿舍的每间小房里，都是几十个同学共睡在一块用稻草铺的土地上，吃的是稀粥加白薯，晚上几个人共点一盏木子油灯，伴读到深夜。早上一起床就跑几百步石阶，到江边用急流漱洗，然后夹着一本英文书，到山谷里高声朗读。由于当地瘴气重，全校同学，几乎没有一个人不是虱子缠身，疥疮难耐。不少同学因遍体溃烂，听课时只能侧身而坐。比我年岁小的初中一二年级生，有的疼痛难忍，便一边听

课，一边流泪。"³

和大部分流亡学生一样，当时的张世英心情非常苦闷，经常借酒消愁，常思量：天涯海角，路在何方？一次，国文老师出了一道作文题"借与贷"，张世英据借贷平衡的原则，写下了下面一段话："在老板与伙计的关系中，借与贷永远不能平衡。贷出的是血与汗，借入的却是水与草，簿记上却在借方硬加上'能喝得上水与吃得上草的条件'几个字以表示双方的平衡。"⁴ 多年以后，张世英就这种"借贷哲学"感慨道：统治者总是把老百姓能"喝得上水、吃得上草的条件"算到自己的恩德簿上，这大概是历史的普遍规律！

1939年秋，由于不满意"联中高商"的职业学校性质，张世英回到了自己的母校"湖北省立联合中等以上学校建始高级中学分校"，继续高中二年级和三年级的学习。原来，由于战乱期间道路被封，"湖北省立联合中等以上学校均县武当高中分校"并没有按计划到达武当山，而是被迫迁往建始县城东约30公里的三里坝，并在7个月后更名为"湖北省立联合中等以上学校建始高级中学分校"。三里坝由一条直街和一条横街构成一个丁字形街面，街上分布着百十家店铺。联合中学师生到达三里坝后，这些店铺的楼上都腾出来作为学生宿舍，师生们自己动手赶建起厨房、食堂、教室和图书馆，并赶制了一批简易课桌椅和双层架子床。在艰苦的办学环境下，学子们不忘国耻，奋发学习。这种家国情怀，在由建始高中国文教师耿长寅先生作词的《联中校歌》中得到了生动体现：

莽莽江汉，自古称雄，亡秦三户建伟功。日月骤暝，烟雾朦胧，抗战建国诞联中。巍巍黉宫，岭叠山重，莘莘学子弦歌一堂坐春风。扫荡瑕秽，恢复光荣，奠定邦国复兴民族跻大同。

在建始期间，石渠先生在武昌高师时的同窗、国文课老师詹学时先生对张世英影响很大。据张世英回忆，詹先生是一个很重精神境界、很重气节的人。一次，詹先生要同学们以"自叙"为题写一篇作文。张世英在文中记述了念小学和初中时爱打抱不平的一些往事，抒发了对旧社会不平等现象的愤懑之情，表达了对未来社会的向往。文章引用了贾岛的诗句："十年磨一剑，霜刃未尝试。今日把示君，谁有不平事。"感叹道："呜呼，苍天生我，殆为人间鸣不平者耶！"詹先生对文章大加赞赏，并写下了下面的评语："如长江大河，一泻千里，有王猛扪虱而谈，旁若无人之概。"[5]

虽然在思想深处总爱追问人生的意义和价值，向往一个人人平等、没有尔虞我诈的理想社会，但受父亲的影响，自幼清高的张世英骨子里是希望远离政治的，所以，在高中阶段，他一直上的是理科班，学习的重点由先前的国文，改为了英文和数学。英文老师是武汉大学英语系的

图 1-13　与母校武汉市第一中学师生合影（2004 年 6 月）

毕业生，用英文上课，要求学生多读多背。数学用的也是英文课本，要求学生用英文做练习。这种训练使他的英语成绩有了很大提高，到高中毕业时已经能够用英语写一点短文了。这为他后来以西方哲学为专业提供了有利的条件。

尽管他经常会收到中共地下党散发的一些小册子，上面的内容和他心中的理想社会多有暗合，但当时的他在政治态度上仍然比较模糊，用他自己的话说属于"中间派"。当时的建始高中，学生的思想倾向左右分明。有趣的是，他们的学习成绩竟然和政治态度一样分明：靠近共产党的，往往学习成绩很好；靠近国民党三青团的，往往成绩不佳。作为有清高思想的优等生，张世英本能地靠近学习好的同学，疏远学习差的同学。一次，他鄙视一位三青团团员说："成绩这么差，还做三青团团员。"遭到了那位同学的记恨。

1941年春，高中毕业的张世英参加了全省高中毕业生会考。考试完毕的当晚，有进步同学通知他：他和另几个同学一起被列入了黑名单。于是，这些同学连夜回到学校，收拾行李，翻山越岭逃到了重庆。会考结果出来了：张世英的成绩全省第一。无奈，由于被列入了黑名单，他的高中毕业文凭一直被扣发，奖金也被取消了。这件事对张世英震动极大。一向自命清高、不关心政治的他，怎么会被列入黑名单？原来，这是湖北省政府主席兼湖北联中校长陈诚的命令，理由是：有人告发他平日曾经骂过三青团。激愤的张世英在给一位同窗的信中写道："陈诚以军人办教育，教育必败。"从那以后，他萌发了研究社会、改变现实的想法。也是在这个时候，他无意中读到了艾思奇的《大众哲学》，他的脑海中隐约闯进了一个"另类世界"。就这样，他放弃了上大学学理科的志愿，报考了西南联大经济系。

（四）无问西东：沐浴在西南联大自由的阳光雨露下

1. 在李广田先生的国文课上表达对于自由的向往

1938年4月，由北京大学、清华大学、南开大学组成的"国立西南联合大学"在昆明成立，一座追求"独立之人格，自由之思想"的大学就这样在战火中诞生了。一个神奇的现象是：这所由三个学校临时组成的仅仅存续了8年的战时大学，培养的人才却超过了战前北大、清华、南开三校30年培养的人才的总和。如果问其中的缘由，这里的师生们会异口同声地回答两个字：自由。从1941年秋入学，到1946年夏毕业，西南联大给张世英最大的感受就是：这是一个学术上的"自由论坛"，各种思想和主义、各种学术派别和学术观点在这里和平共处、相互激荡。

李广田（1906—1968）先生讲授的"大一国文"是张世英在一年级最感兴趣的一门课。李先生毕业于北京大学外语系，任教西南联大之前就出版了《画廊集》《银狐集》等作品，是著名的散文作家。李先生的国文课本选有王国维的《人间词话》，在讲完其中的三种"境界说"后，让同学们各写一篇作业，谈谈自己经历过的人生境界。张世英谈的是自己经历过的所谓"第三境"，即解决了一道几

图 1-14　李广田先生

图 1-15 考入西南联大后的照片（1941 年）

图 1-16 西南联大毕业照（1946 年）

何难题之后所得到的快乐，恰似"众里寻他千百度，蓦然回首，那人却在，灯火阑珊处"。他的作业受到了李先生的夸赞。也许可以这样说：张世英后来提出的"人生境界说"固然是接着冯友兰先生的"人生境界说"讲的，但"境界说"的种子，是在李广田先生的国文课上种下的。

一次，李广田先生给同学们布置了一篇作文题目：人与枯骨的对话。在李先生的要求下，张世英第一次用白话文进行写作。文章的梗概是：来自"人世间"的"我"与来自"极乐园"的"枯骨"在一荒原处相遇。交谈中得知，"枯骨"30 年前也来自人世间，那时"为官者，恃其高位，凌压小民；为学者，骋其雄辩，颠倒黑白；为商者，见利忘义，尔虞我诈"。被问及人世间的现状，"我"回答道：那里依然是"彼此欺压。力大者结党营私，爬至上位，作骄傲之色；力小者爬上不得，卒为在上者扼杀"。于是，"枯骨"把"我"带到了极乐园，园门上"自由之路"四个大字赫然在目。那里，"无骄无媚，欲笑则笑，欲哭则哭，无言论自由问题之发生，更无控制思想之论调，所谓'与虫鱼同欢乐，与草木同游戏'"⁶。字里行间，充满了对自由的渴望。李先生给了这篇

一、从柏泉到西南联大 | 017

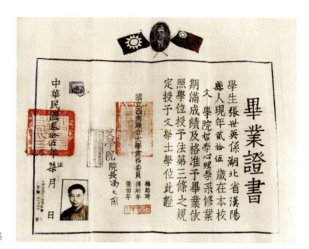

图 1-17　西南联大毕业证书

图 1-18　1999 年 9 月 20 日摄于西南联大旧址

作文92分，评语是：有妙想自有妙文。文章发表在了昆明一家报纸《扫荡报》的文艺副刊上。

在西南联大，旁听蔚然成风。不仅学生旁听老师的课，学科背景和学术风格迥然的老师之间也互相旁听。如果走进西南联大的教室，发现前排听众席上坐着的不是学生，而是几位学术大师，一点也不奇怪，甚至可以说是常态。张世英就曾经历过这样的奇观：中文系的闻一多和哲学系的沈有鼎同时开设"易经"课，两人常常出现在对方的听众席上，有时还会发生争论。在张世英看来，"旁听意味着自由选择，意味着开阔视野，意味着学术对话"。他自己就旁听了好几门课程，大呼过瘾。多年之后，他不无得意地写道："西南联大是百花园，学子在这里可以任意采摘；西南联大是万神庙，学子在这里可以倾心跪拜。我和我的联大同学们就是在这样自由的学术雨露中成长起来的。"[7]

2. 贺麟、冯友兰两位先生引领他走上西方哲学之路

抱着"改造社会"的愿望，张世英第一年念的是经济系，但他很快发现，经济学讲的尽是些"生意经"，完全不是"经世济民之道"，于是在二年级时转入了社会学系。"哲学概论"是文科各系的公共必修课，由不同的老师开设，张世英选修了贺麟先生的"哲学概论"课。贺麟（1902—1992）先生是学贯中西的大家，他的课语言生动，深入浅出，情理交融，很受学生的欢迎，可坐几百人的教室被挤得满满的，连窗户上和走廊里都站满了人。与贺先生同时开设"哲学概论"课的另一位老师的班上，选课人数很少，课堂上冷冷清清。贺先生把黑格尔和陆王心学结合起来讲，并以荷花"出污泥而不染"释黑格尔的辩证法，认为荷花的品格是对黑格尔"对立统一"和"扬弃"思想的最好诠释。贺先生生动地举例说：有人说自己从来不贪钱，可是你根本没有跟钱接触过，

图 1-19　贺麟先生

你说你不贪钱，这都是空话。如果让你当会计、当出纳，还一点不捞钱，这才算清高。出污泥而不染，就得先从污泥里长出来，并且不沾染污泥，这才算真正的清高。

黑格尔哲学竟然能够为张世英早已形成的清高思想提供理论上的说明！于是，张世英于1944年秋又一次做出了转系的决定：从社会学系转到了哲学心理学系。用他自己的话说：越转越空，从具体走向抽象，由实际走向空灵。此后，张世英"在学习和研究的大方向上就算终生无悔了"。张世英学术方向的改变，当然得益于西南联大宽松的转学转系制度。当时的西南联大，转系现象相当普遍，比如杨振宁考入联大时报的是化学系，一进校就改念了物理系；朱德熙是从物理系转到中文系的；何兆武先后就读于土木、历史、哲学、外文四个系。日后张世英在北大的同事黄枬森，入学时是被物理系录取的，也是在选修了哲学心理学系的课之后，引发了对哲学的兴趣，转入了哲学心理学系。

转入哲学心理学系后，张世英读的第一批哲学原著是巴克莱（今译"贝克莱"）的《人类知识原理》《视觉新论》和《三篇对话》。"存在就是被感知"，张世英觉得这个思想"很好玩""很有意思"。一次，读经济系时的一位同学问他:"哲学是讲什么的?"他用巴克莱的哲学回答说:"哲学就是把桌子化解为无,我们平常人太现实了,你还在念经济系!什么银行、货币,说穿了都是无,一堆感觉,你不感觉它,银行、货币也就没有了,只有学了哲学才能使人真正高超起来。"那位同学说:"学这些有什么用呀?难怪哲学系尽出疯子,你可别学疯了。"⁸张世英固然没有疯,但他的确开始对哲学"痴迷"了。

贺麟先生引领张世英走上了哲学之路,此后,他经常去贺先生家请教哲学问题,先生总是热情地接待他。贺先生讲黑格尔哲学,主要是从新黑格尔主义的观点讲的,所以,推荐他阅读罗伊斯、布拉德雷和克罗齐等人的原著。贺先生当时主持西洋哲学名著编译委员会,所以,张世英有机会接触这些人的原著和中文译稿。毕业前夕,张世英选择贺先生做他的毕业论文的指导老师,题目是《论新黑格尔主义者布拉德雷的哲学思想》。贺先生除耐心为他讲解布拉德雷的哲学思想和原著外,还特别叮嘱他:"我虽然主持西洋名著编译委员会,非常看重翻译工作,但我要提醒你的是,不能靠翻译从事西方哲学研究,要念原文,翻译终究代替不了原文。"⁹

张世英在哲学道路上的另一个引路人是冯友兰(1895—1990)先生。冯先生同样是学贯中西的大家,当时兼任西南联大文学院院长。进入哲学心理学系之前,张世英听过冯先生的一个讲座——"论道统",虽然听得懵懵懂懂,但对先生的外貌留下了深刻的印象:"一个身穿长袍马褂、满

图1-20 冯友兰先生在西南联大纪念碑前(1946年5月4日)

脸大胡子、戴着高度近视眼镜的道学先生。"转入哲学心理学系之后,他开始系统听冯先生的"中国哲学史"课程,同时阅读冯先生的《中国哲学史》。冯先生的课和冯先生的书给张世英留下了两个深刻印象:一个是重史料,重逻辑分析。冯先生"连中国经典原著中本来含混有歧义的地方,也要清楚明白地指出其含混之处何在,歧义的各种可能性何在,还要留下一些可以让听者自己去琢磨的空间"。另一个是中西结合。冯先生总是联系西方哲学史讲中国哲学史,他的"新理学"是"柏拉图主义、新实在论与中国程朱理学相结合的一个统一体"[10]。冯先生的课把张世英引向了一个形而上学的、超感性的"理"的世界。

听了冯先生讲的中国哲学史,张世英觉得"中国传统思想缺乏分析和逻辑论证,许多内涵很深厚的东西都被掩藏了起来,可以玩味,却难于解说"[11]。在他看来,与其他同类著作相比,冯先生讲的中国哲学史注重逻辑分析和论证,在口味上与他这个自命为"有数学头脑的人"非常契合。于是,他打定主意,"要学哲学就要学西方哲学"。新中国成立以后,冯先生的《中国哲学史》经过多次修改,但张世英一直珍藏着抗战时期的旧版。

图 1-21 张世英珍藏的冯友兰《中国哲学史》

说起来，张世英学术方向的选择颇富戏剧性：冯先生讲中国哲学史，却把他的兴趣引向了西方哲学！他的两位学术引路人在学术观点上完全是相左的：贺先生是接着"陆王心学"讲的，侧重人生体验，是"新心学"的创立者；冯先生则是接着"程朱理学"讲的，强调理性和抽象，是"新理学"的创立者。从大学毕业一直到"文革"以前，张世英偏爱柏拉图主义的形而上学，自然对程朱理学的兴趣大于对陆王心学的兴趣，这无疑受到了冯先生的影响。但20世纪80年代以后，由于受尼采、海德格尔等西方现当代哲学家的影响，张世英更倾向于陆王心学，似乎又与贺先生当年的观点更为接近了。

3. 从冯文潜、汤用彤、金岳霖三位先生那里习得治学之道

"西洋哲学史"是西南联大哲学心理学系的一门必修课，一直由冯文潜（1896—1963）先生讲授。冯先生来自南开，是南开大学文学院院长兼哲学系主任，曾一度兼任联大哲学心理学系主任。除"西洋哲学史"外，冯先生还讲授过"美学""柏拉图哲学"和"逻辑学"等课程，据说他的哲学史讲稿是用中、英、德三种语言写成的。冯先生不仅课讲得好，而且对学生非常热情，常常让学生去他家讨论问题。得知张世英正在读巴克莱的《人类知识原理》，冯先生就约他到自己家中谈谈对巴克莱的理解。冯先生建议，读西方哲学原著还是应该从柏拉图的《理想国》开始。此后，张世英便经常去先生家就

图 1-22　冯文潜先生

《理想国》中的问题进行请教。冯先生对他说："这才是西方哲学史最最重要的必读之书，要像读《论语》一样地读。"并且非常具体地给他讲了一套读经典著作的方法："每读完一节或一章，就合上书本，用自己的话把原文的大意写下来，个人的心得和评论写在另一边。"[12] 这种读书方法，使张世英受益终生。

一些同学回忆，冯先生是联大哲学心理学系老师中对学生最为关心的教授，对此，张世英有切身体会。据张世英回忆，一次，在自己生病期间，冯先生打听到他的房号，到床边问寒问暖，给了他"慈父般的关爱"。得知他因经济困难，不得不在外"兼职"，因而不能去教室听先生的"美学"课，先生便破例允许他以读书笔记和学年考试成绩结业，还对他说："学习不一定非得围着老师转不可。"最后竟然给了他 92 分的高分。

大学毕业后，在冯先生的引荐下，张世英去了南开大学任教。冯先生鼓励他把巴克莱的《人类知识原理》译为中文，并亲自为他校阅。冯先生说："做学问重在严谨扎实，翻译重在忠于原文，有人讲一个哲学家的思想，讲得天花乱坠，但对照原文一看，却错误百出，做学问不先下一番'我注六经'的苦功夫，就想'六经注我'，一步登天，那只能是空中楼阁。"[13] 张世英回忆说，在怎样做学问、怎样打基础方面，自己深深受益于冯先生。他称冯先生是他"哲学生命的养育者"。1963 年，冯先生病逝，张世英专程从北京去南开大学参加了他的追悼会。

张世英转入哲学心理学系是经系主任汤用彤（1893—1964）先生批准的。汤先生来自北大，是现代中国学术史上少数几位"会通中西、接通华梵、熔铸古今的国学大师"之一。张世英给汤先生的画像是：身材矮胖，头发全白，笑颜常开，穿灰色长服，活像一个罗汉。由于

图 1-23　西南联大时期的汤用彤先生

汤先生研究佛学，长得又有佛相，同学们背地里都亲切地称呼他"汤菩萨"。在西南联大时，汤先生开设的课程非常广泛，包括印度哲学史、印度佛学概论、汉唐佛学概论、魏晋玄学、斯宾诺莎哲学、中国哲学与佛学研究、佛典选读、欧洲大陆理性主义等。张世英选修了其中的三门课：印度哲学史、魏晋玄学和欧洲大陆理性主义。给他印象最深的是汤先生对考证的重视。"他的论断似乎都有史料上的依据。他反对曲解历史、曲解原文，作哗众取宠之新论。……汤先生不作雄健挥洒之宏文，但其讲课和著述皆于平实中见真知，有苍劲古朴之气韵。"[14] 汤先生的治学之道一直是张世英做学问的一面镜子。

在"魏晋玄学"课上，汤先生大谈"物我两忘"和"即世而出世"的人生境界。汤先生说：笛卡尔明主客，乃科学之道，但做人做学问还需要进而达到物我两忘之境，才有大家气象。张世英"对汤先生既能游刃于章句考证之中，又能寄心于玄远之境，感到无比崇敬"[15]。汤先生所强调的"大家气象"把他引入了一个既要面对现实又能超脱现实的境界。多年以后，张世英回忆说：他晚年强调既要重主客，又要超主客，强调哲学与文学相结合，与汤先生当年在"大陆理性主义"和"魏晋玄学"两门课上给他的教诲有着深层的联系。[16]

一、从柏泉到西南联大 | 025

图 1-24　抗日烽火中的教授（左起：施嘉炀、钱端升、陈岱孙、金岳霖、周培源、萨本栋、张奚若）

图 1-25　西南联大教授合影（左起：周培源、梁思成、陈岱孙、林徽因、金岳霖、吴有训，1938 年）

西南联大的教授来自不同的学校，往往带有各自学校的风格，哲学心理学系也不例外。一般认为，北大重史，清华重论；北大重融通，清华重分析。金岳霖先生来自清华，是分析哲学的大师，擅长逻辑分析和概念分析。张世英选修了他讲的"知识论"和"形而上学"两门课。学生们眼中的金先生是欧美派：身材高大，身穿西服，外披一件风衣，经常戴一顶太阳帽。走进教室后，他往往要坐在一把扶手椅上，先闭目凝思片刻，再开始讲课。他的课颇有维特根斯坦之风：不是照本宣科，而是边讲课边思考，讲到兴奋处，会突然从椅子上站起来，在黑板上写几个字，或者突然要某位同学发表看法。张世英就被他叫起过多次，有时，干脆让张世英"在课堂上讲上十多分钟，他边听边问，或自问自答，同学们也不时插话。一时间，课堂变成了七嘴八舌的茶馆，师生之间变成了平等对话的伙伴"[17]。

张世英回忆，金先生的课给他留下的最深印象是对古希腊"自由精神"的赞赏。在张世英眼中，"金先生从专业上说，爱好的是分析哲学，但从人生观上说，信奉的是老庄哲学。……是借游刃于概念分析而逍遥于方外之学者"[18]。金先生在课上和课下经常提到罗素的一个观点："哲学不会对哲学问题作出一种确定无疑的答案为所有人接受，哲学之所以值得学，也不在于它的答案，而在于问题本身，在于提出问题，这些问题能丰富我们的想象力，让我们能展望事情的各种可能性，而不受各种习俗偏见的束缚，从而扩展我们的思想境界。"张世英坦言，罗素和金先生对于哲学的这种看法在他晚年"所形成的哲学思想中，还保留着一些印记"[19]。

大学毕业时，张世英被保送，可以入北大或清华研究院读研究生。在填写个人志愿时，不免有些犯难：教他分析哲学的金岳霖先生是清华派，重"逻辑分析"和"理论体系"；指导他毕业论文的贺麟先生是北大派,更偏向于"史"。张世英从小喜欢数学,高中时期读的是理科班,大四还选修了微积分。最终还是从小养成的性格决定了他的选择:他决定上清华,做金先生的研究生,走分析哲学的路子。他先登门拜访了金先生,金先生表示热烈欢迎:"我早知道你有数学头脑,宜于研究分析哲学。"随后,他把这个决定告诉了贺先生。贺先生显然有些意外:"原以为你会选择北大研究院,跟我研究黑格尔;也好,各有千秋,跟金先生学分析哲学,会做出很好的成绩的。"[20] 遗憾的是,因家庭经济困难,张世英休学了两年,终未如愿做金先生的学生。阴差阳错,后来他还是走上了研究黑格尔的学术道路,在金先生那里接受的分析哲学的训练,使他终身受益。

4. 跟吴宓、王佐良、李赋宁三位先生学英文

西南联大的教授绝大多数具有海外留学经历,从院长到系主任基本上都是"海归"。这些喝过洋墨水的教授不仅把国外先进的理念和知识带回了国内,而且特别重视对学生外语能力的培养和训练,不仅要求学生用英语写作文,还要求学生用英语做注释。哲学心理学系除规定英语为必修课(学两年)外,还规定德语为必修课,张世英的德语功底就是在西南联大时期打下的。

抗战时期,国民政府推出了"贷金"制度,资助背井离乡的学子完成学业。这笔钱只够维持学生的最低生活,由于物价飞涨,学生们拿到手里的"贷金"不断贬值,生活非常窘迫。所以很多同学都在外面兼差,或做家教,或到中小学教书。1942年秋到1943年夏,张世英休学一年,到昆明附近的一个县城中学教书,贴补一点生活费用。工作之余,他把时间主要用在了补习英文上。在那个年代,老师的日子同样不好过,往往也要谋些差事补贴家用。于是,张世英便和经济系一位同学

请大一期间的英文老师王佐良（1916—1995）先生教他们英文。王佐良 1939 年从西南联大外文系毕业后留校任教。虽然两位同学付给老师的报酬不多，但王先生逐字逐句地给他们讲解英文版莎士比亚作品，并要求他们背诵其中的一些段落。这段经历对张世英英语能力的提升起到了很大的作用，他尤其喜欢《哈姆雷特》中的那句名言："To be, or not to be, that is the question."在他看来，哲学最终就是在讲"To be, or not to be"的问题。

1943 年到 1944 年，在社会学系读书的一年时间里，张世英仍然把主要精力放在英语的学习上。他当时的志向是：要向联大的大师们那样，出国留学，回国后做大学教授。大二英文课的老师是李赋宁（1917—2004）先生。李赋宁 1935 年进入清华大学外文系，与王佐良、许国璋、周珏良并称为外文系"四大才子"。1939 年从西南联大外文系毕业后，考取了清华大学外文系研究生，毕业后留在联大外文系任教至 1946 年。据张世英回忆，李赋宁的英文水平非常高，批改作业也很认真，对提高他的英文水平起了很大作用。其间，他还自学了易卜生的英文版剧本好几种。为了练口语，张世英几乎每个星期天都到附近的一个小教堂——文林堂去"做礼拜"，跟着牧师学口语。

吴宓（1894—1978）先生曾经担任西南联大外文系主任，他开设的"世界文学史""中西诗之比较"等课程，非常受同学们的欢迎。一次，张世英在去专业课教室的路上，途经一个大教室，看见窗外站满了人，他便挤进去向里张望，原来吴先生正在上"英诗"课，黑板上写满了大小不等的 one（一）和 many（多）。张世英被先生的课所吸引，站着听了足足 50 分钟，从此一发不可收拾，竟然旁听了大半个学期。吴先生在课堂上从"多即是一，一即是多"的道路中引申出美之为美的原理，认为美就是从多中见一。张世英坦言，他晚年的许多美学观点，"就

图 1-26　王佐良先生

图 1-27　李赋宁先生

图 1-28　吴宓先生

有当年吴先生课堂讲演的蛛丝马迹"。

在西南联大，同学们最感兴趣的一个娱乐活动就是周六晚上去南屏电影院看电影，好莱坞的影片和影星往往是同学们茶余饭后的热门话题。一些经典电影的中文片名经常为同学们所称道，如《鸳梦重温》《翠堤春晓》《蝴蝶梦》《长相思》等。同学们盛传，这些经典影片的片名许多是吴宓先生翻译的。张世英印象最深的是：吴先生把"The Old Maid"（字面意思"老处女"）译为"长相思"。多年之后，他仍然对吴先生充满诗意的翻译赞叹不已，还以"'长相思'与'老处女'"为题，写过一篇散文。出于对吴先生的崇拜，张世英和经济系的一位好友萌生了出钱请先生为他们单独教英语的念头。他们的想法非常简单：抗战时期教授们的生活非常艰苦，学生们靠在外兼职赚来的一点钱，请这些先生单独给他们上课，既可以学到知识，又可以给老师一点补助。不料，当张世英他们把这个想法告诉吴先生时，先生大怒："什么给我钱啊！我吴宓是钱买的？"单独上课的愿望落空了，但吴先生的学问、严谨和人格给张世英留下了深刻印象。

5. 闻一多、汤用彤、冯文潜三位先生见证了张世英和彭兰的爱情

西南联大的办学条件非常简陋。几十个人住在一间狭长的人字形草房里，几个熟识的同学用布帘隔开一个空间，组成一个"小组"，有些同学几年时间同住一个屋檐下，却很少相互往来。比如，张世英和杨振宁就住在同一间草房里，却不认识彼此。狭小的茅舍和图书馆无法满足同学们的读书和社交需求，于是，校旁的茶馆就成了他们的自习室，"泡茶馆"成了联大学子的日常。可以说，联大的茶馆浓缩了那个时代的自由精神与青年理想。这种场景犹如启蒙运动时期英国的"咖啡馆"文化和法国的"沙龙"文化。

张世英和彭兰就是在联大校旁云林街的茶馆里相识的。彭兰（1918—1988）出生于湖北省鄂州市彭李下村，父亲彭兆松（字宏大）为前清翰林，母亲萧氏是湖北省浠水巴河镇书香大户之女，舅舅是秀才。她自幼聪慧，很小就显露出惊人的文学天赋。一次，舅舅随口出了个上联"围炉共话三杯酒"，年仅九岁的彭兰当即对出下联："对局相争一盘棋"。中学毕业后，彭兰于1938年秋考入西南联大中文系。由于当时日寇已经占领武汉，她一时无法前往昆明，直到1940年夏季，才买到一张通行证，化装成老太太，乘小船离开武汉，经历艰难险阻，辗转到达西南联大叙永分校。1941年夏，转入昆明西南联大校本部中文系学习。彭兰是学校里有名的才女，大二时就以"谷兰"的笔名在昆明的报纸上发表过诗词，同学们都称她为"女诗人"，闻一多、浦江清、罗庸、朱自清等先生对她也是欣赏有加。

在西南联大，有各种各样的同乡会，背井离乡的游子们经常在茶馆里相聚。张世英和彭兰是湖北同乡，彭兰还是湖北同乡会的会长，自然有机会相识。第一次见面，彭兰"身穿浅色长旗袍，上身披着一件不带纽扣的红毛衣，高髻云鬟，宛若古仕女图中的仕女"[21]，给张世英留下

了深刻印象。由于彭兰的这件红毛衣非常抢眼,每当她走进茶馆,同学们就会说:"红毛衣来了。"起初,"女诗人"并不知道张世英是哲学心理学系的,不时会流露出对哲学系同学的某种"偏见":"哲学系的人,好争辩,寡人情,不通世故。"得知张世英也喜欢旧体诗,两人便常常以诗相酬和,心中逐渐产生了爱慕之情。"依稀蝶梦到沧州,月色清明夜色柔。"这是婚前彭兰赠给张世英的第一首诗。

闻一多先生和彭兰是同乡,他欣赏彭兰的才华,得知她七岁丧父,二十岁丧母,便对她多了一份关爱,于1944年端午节收其为干女儿。一日,彭兰把张世英带到闻先生家进行"面试"。面试在一间房子里单独进行,等在外面的彭兰未免有些紧张,担心通不过。闻先生出来后对彭兰说:这个孩子很有思想,很有前途。面试就这样顺利通过了。1945年7月22日,他们在《云南日报》登了一则结婚启事:"我俩定于7月22日结婚,国难期间一切从简,仅此敬告各亲友。张世英、彭兰。"结婚仪式非常简朴:就在学校旁边的一家小酒馆举行。但嘉宾阵容异常"豪华":证婚人是汤用彤先生,彭兰的主婚人是闻一多先生,张世英的主婚人是冯文潜先生。三位先生和他们的夫人共同见证了这对新人的爱情,闻一多先生用篆字写了一个横幅"我心则悦",还为他们刻了一对石章。

本来,张世英想请他的恩师贺麟先生做他的主婚人,同时请贺先生的夫人一起参加他们的婚礼,但思想进步的彭兰不同意,因为蒋介石接见过贺先生,在她眼中贺先生的思想很保守,不够进步,很难想象让民主斗士闻一多和他同坐一桌,张世英只能作罢。贺先生很大度,得知他结婚的消息后,还向他道了喜:"听说你和闻一多的高足结了婚,恭喜你哟,什么时候带她到我家来坐坐。"[22]张世英不免有些难为情,以后也从来没带彭兰去过贺先生家。

6. 闻一多先生引领他"走出象牙之塔"

在西南联大读书期间，张世英和彭兰的政治倾向是有差别的。受闻一多先生的影响，彭兰是学校里的进步学生，属于"左派"，经常向张世英讲起"解放区的天是明朗的天"。张世英虽然对国民党和三青团有所不满，甚至还上过他们的黑名单，但总体上说，自幼养成的清高思想使他倾向于远离政治，在政治思想上属于"中间派"。据闻一多先生的长孙闻黎明（1950—2022）提供的资料，在1945年3月发表的《昆明文化界关于挽救当前危局的主张》上面，闻一多的很多学生都签了名，却未见张世英的名字。1946年1月13日，昆明各界联合发表《昆明教育界致政治协商会议代电》，闻一多身边的很多教授和学生都签了名，而且彭兰也签了名，仍然未见张世英的名字。[23]

其实，当时闻一多先生对张世英进行"面试"时，一个重要内容就是政治倾向。闻先生希望他"走出象牙之塔"，并送给他一本绒面烫金的《海上述林》。这是瞿秋白翻译、鲁迅编校的一部论文集，收入了马克思、恩格斯、列宁、普列汉诺夫、拉法格等人的文章，1936年5月以"诸夏怀霜社"的名义出版。"诸夏怀霜"意指华夏儿女无不怀念秋白。这部书初版仅印制了五百本，其中只有一百本精装版，足见其珍贵。据闻黎明先生回忆，这部书是闻一多先生认识的第一个中共高级干部华岗送给他的，"是闻一

图1-29　闻一多先生在西南联大

多经常读的,且常常在晚上夜深人静时,一个人偷偷读的"[24]。闻黎明甚至不敢相信闻一多先生会把这样珍贵的书轻易送人,但既然"能把这部书送给张世英阅读,说明对他的信任和期望"。

当时,一些进步同学在联大门口民主墙上画的一幅漫画对张世英触动很大:几个戴着高度近视眼镜的哲学系学生,正汗流浃背地爬梯子,梯子的顶端是一座庙,庙中央端坐着满脸大胡子的冯友兰,喷云吐雾地讲着"本质与现象""思维与存在""有与无""变与不变"等哲学概念。张世英隐约地觉得自己就是那些"两耳不闻窗外事"的爬梯子同学中的一员,顿觉汗颜无地。此后,他经常拜会闻先生,聆听他的教诲。逐渐地,张世英的交往圈子发生了变化,开始接触一些进步人士。1946年6月25日,在昆明举行了呼吁和平的"万人签名运动",这次,彭兰和张世英的名字都在其中了。"由此可见,张世英确实是通过彭兰受到闻一多的影响,才逐渐开始过问政治的。"[25] 用张世英的话说,是"红毛衣"的内在美引领他走向了"明朗的天"。

1946年夏,昆明时局格外紧张。国民党特务准备对李公朴、闻一多下手的传言越来越多。彭兰和张世英就曾亲眼见到国民党特务在闻家大门口叫喊:"闻一多,你这个多字,是两个夕字,夕阳西下,你小心就要落山了。"[26] 7月10日,两人准备前往武汉,去闻先生家辞别,并劝先生尽快前往北平,但先生似乎执意抗争到底。闻先生语重心长地说:"你俩的婚姻,是我促成的,算得是文学与哲学的联姻了,世英要多学点文学,若兰(闻先生觉得她单名不好叫,就给她起了这个名字)其实也有思想,有哲学头脑,要学点外文,我一向主张学中文的要懂外文。我将来要等到那个时候,还是要回到书斋里一心做我的学问,我可以不问政治了,我也不是个闹政治的人。"[27] 闻先生和当时的很多人一样猜测,国共很可能会分江而治,所以嘱咐他们回武汉后要尽快北上。

张世英明白了：闻先生之"走出象牙之塔"，纯属被逼无奈，"是国民党政府的腐败把他逼出象牙之塔的"。骨子里，他仍然"是一个并没有彻底走出象牙之塔的纯粹学者"。几天以后，在前往武汉的路上，张世英和彭兰在报纸上看到了闻一多遇刺身亡的消息。他们想重返昆明，被同车的一位地下党员劝阻了，于是，他们从贵阳给闻一多先生的夫人发了一封唁电。电文如下：

> 干妈：想不到我们就是那样地同干爹永诀了，当我们听到李公朴先生被害的消息，我就担心干爹的安全。十六号我梦见了他，他仍旧像平时一样穿着一件灰长衫，只是表情常沉默。惊醒后，我感到非常恐慌。十七号的清晨，就在报上看到了那不幸的消息。我们的恐慌变成了事实，我的心碎了，肠断了，感到天地陡然变得这样的狭小，我恨不得要到百丈的悬岩上去狂啸。满腔悲愤，何日

图1-30　1946年2月17日，昆明政治协商会议促进会等十团体联合召开"庆祝政协会议成功、抗议重庆二—〇惨案、坚持严惩一二·一惨案祸首大会"，闻一多先生担任大会主席。图为他在会上发表演说

能伸？！干妈，我们这一群可怜的弱者……何日不在生命的危险中。干爹死了，但是他却永远生存在爱好和平正义者的心灵中，他是为正义而牺牲，为民主而流血，希望你不要过度的悲哀，要很坚决地活下去。小弟小妹要你扶持，使他们能成为一个健全的国民，继以慰在天之灵。我本想乘机返昆，无奈交通阻塞，只有西望昆明，暗挥热泪。大弟不知脱险否？俟其痊愈后，希早日扶柩返汉。经济方面，请奉是否能代为筹划？希速函告，勿视儿等为外人，此后弱弟幼妹情若同胞，当力求略尽姊兄之责。泪与笔俱，言不成章，仅此敬候痊安。大小妹统此。英、兰儿同上。七，十七。[28]

闻先生走了，但先生"走出象牙之塔"的话语，深深地印在了张世英的脑海里。

二、从先生到"大先生"

（一）走出象牙之塔："天涯浪迹岁蹉跎"

1. 初为人师：在南开大学和武汉大学的短暂时光

1946年7月31日，西南联大撤校，三校复原北返。应南开大学文学院院长兼哲学教育系主任冯文潜先生的聘约，张世英于1946年秋到南开大学哲学教育系任助教，成了一名教书先生。妻子彭兰也于同年到南开大学中文系任助教。初登三尺讲台，张世英未免有些紧张，常常备课到深夜。第一年讲授的是"哲学概论"和"形式逻辑"两门课，由于在西南联大读书时既喜欢贺麟、金岳霖等人的西方哲学课，又喜欢冯友兰的中国哲学课，他的"哲学概论"竟然把程朱陆王和罗素放在一起讲，颇有会通中西的志向。

那时，张世英住在东村教师宿舍，与南开大学教务长兼经济学院院长陈序经（1903—1967）先生是邻居。陈先生留学德国和美国，曾因提出"全盘西化"的主张，在全国引发了一场激烈的文化大论战。闲谈中，得知张世英喜欢西方哲学，便对他说：不能只读西方的书，要像冯友兰那样中西兼通。一个主张"全盘西化"的人竟然给出这样的建议，着实有些出人意料！张世英好奇地问陈先生的保姆，他们家是否只吃西餐。保姆说：陈先生最不爱吃面包和奶油。而且，据张世英的观察，他们家不过圣诞节，却在春节期间放鞭炮。当张世英和跟随金岳

图 2-1 在南开大学任教时留影（1948 年）　图 2-2 陈序经先生　图 2-3 熊十力先生

霖先生学逻辑的老同学周礼全谈起此事时，周礼全开玩笑说"此人不合逻辑！"

1947 年秋到 1948 年，"反饥饿、反内战、反迫害"运动日益高涨。一日，熊十力先生到访南开，冯文潜先生设家宴招待他，并让张世英作陪。张世英既惊喜又惶恐。惊喜的是：他早就听说过熊十力的大名，却一直没有见面之缘，现在终于可以一睹大师的风采了。惶恐的是：他听说这位大学者爱骂人，爱用拐杖敲学生的头。那日，熊十力"头戴瓜皮帽，身穿长袍马褂，髯髯长须，俨然一副长者风范"。落座后，熊先生劈头就骂蒋介石："他蒋介石算什么的！"然后，用拐杖指着对面一位年轻人的头："你知道，我们这些人才是中国的前途。"果然名不虚传！

大学毕业以后，张世英听从闻一多先生的告诫，一步步踏上了"走出象牙之塔"的旅程。在同进步人士接触的过程中，他学习了社会发展史和新民主主义论，一个地下党员还送给他一本斯诺的《毛泽东自传》。据张世英长子张晓岚回忆，张世英积极参加"反饥饿、反内战、反迫害"的游行示威活动，并且加入了共产党的外围组织"民主青年同

图 2-4　摄于天津寄庐书斋（1948 年 3 月 24 日）

图 2-5　彭兰摄于天津寄庐书斋（1948 年 3 月 31 日）

图 2-6 摄于天津寄庐书斋（1948 年 3 月 31 日）

图 2-7 彭兰摄于南开大学东村故居前（1949 年 5 月 14 日）

盟"，开始为地下党做工作。有时，地下党的会议就在他家举行，每当这个时候，彭兰就会在大门口打毛衣，为他们放哨。天津解放以后，张世英曾担任南开大学校务委员会委员和天津市高等院校讲师助教联合会主席，参加过由刘少奇主持的座谈会。

1949 年初，南开大学哲学教育系被取消，张世英"被改行当政治课教员"，讲授过新民主主义论、社会发展史等公共政治课。作为刚刚从旧社会过来的人，张世英对政治课要讲的内容完全是陌生的。好在当时京津两地的政治课教员每周都要到北京参加艾思奇、何干之主讲的政治课辅导班，他们就把在辅导班听到的内容带到自己的课堂上，往往是现买现卖。最令张世英苦恼的是，有些听众特别是从海外归来的教授经常提一些太尖锐、太敏感的问题。张世英内心非常苦闷，便想辞去政治课教员的职务。得知他的想法后，天津市文教部部长黄松龄先生请他出任天津职业师范学院院长。父亲"官场不可进，要做学问中人"的教诲犹在耳畔，于是，他便以夫人已经回到武汉为由，推掉了黄先生的美意，同时辞去了南开大学的教职，准备前往武汉，与妻子和父亲团圆。

张世英在南开大学度过了5年的青春岁月，对那里有很深的感情。据晓岚回忆，他曾经于2006年8月、2010年7月和2019年10月先后三次陪父亲回到南开大学，最后一次，先生已经98周岁。在东村教师宿舍区，先生徘徊许久，最后站在了一个小院门外，对晓岚说："这个小院好像是我们的故居，你妈那张穿旗袍的照片就是在这里照的。在这里给我照张相吧。"时间定格在了2019年10月5日，和彭兰当年那张穿旗袍的照片整整相隔70年。

从1949年夏开始，彭兰任教于武汉第二女子中学，并于1950年9月接替汪曾祺，出任该校副教导主任。石渠先生担任武汉市裕华小学的校长，深受全校师生的爱戴。不料，由他介绍到学校任教的一个老师在"肃反运动"中被关押，石渠先生受到了审查。石渠先生性格刚强，

图 2-8 2010年7月9日，张晓岚和女儿陪父亲重回南开大学

图 2-9　2019 年 10 月 5 日，重回南开大学时摄于东村故居前

一向自命清高，受此冤屈，自觉有口难辩，当天晚上就自杀身亡了。彭兰闻讯后立即赶到石渠先生所在单位，向党组织出示了抗战期间石渠先生写给张世英的几十封通信，证明了石渠先生在沦陷区的爱国情操和民族气节，他的清白终得以证明。

1951 年秋，张世英来到武汉，经中南局文教部长潘梓年先生的引荐，到武汉大学哲学系任讲师，同年加入了中国民主同盟。1952 年，彭兰也加入了民盟，并任民盟武汉市委常委兼妇女工作委员会主任，次年加入了中国共产党。张世英本来对武汉大学有一种特殊的感情，毕竟石渠先生就毕业于武汉大学的前身——武昌高等师范学校，而且曾经希望他也做武大的学生，不料那时正值思想改造和"三反五反"运动，整天开"斗争大会"或"批判大会"，根本无暇从事学术研究。更令张世英

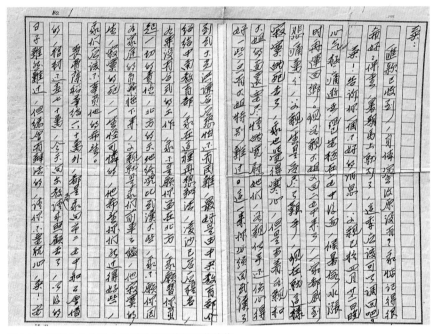

图 2-10 石渠先生含冤去世后彭兰写给张世英的信

痛苦的是,他必须向组织交代父亲的死因,挖掘自己清高思想的根源。

两个学期之后,因全国院校调整,张世英回到了母校北京大学。此后 30 余年的时间里,张世英很少回武汉。从 1985 年开始,随着湖北大学哲学研究所的建立,他和武汉大学的联系又多了起来。自 80 年代武汉大学哲学系外国哲学专业第一届博士生毕业论文答辩会开始,一直到 2004 年,每一届的答辩会都由张世英做主席,只有一次例外。可以说,在此期间毕业的武汉大学外国哲学专业的博士研究生都是他的学生。到了晚年,张世英对武汉大学的感情越来越深,"童年时期对武大的崇敬和向往之情,又油然而生。……武汉大学,堪称我的第二母校"[1]。2006 年 11 月 6 日,在武汉大学哲学系重建 50 周年之际,张世英发去贺词:"弘扬传统,借镜泰西,让中华文化光耀全球。"

图 2-11　在武汉大学主持魏敦友的博士论文答辩（左起：赵林、魏敦友、杨祖陶、张世英、赵敦华、邓晓芒，1998 年）

图 2-12　和杨祖陶（左二）、郭齐勇（左一）、李秋零（右一）教授在一起

2. 回归母校北京大学：徘徊于政治与学术之间

张世英的北大情缘可以追溯到少年时期。在中小学教书的父亲常常和他谈论蔡元培、胡适与北京大学，于是，这个立志"做学问中人"的少年，对北京大学充满了仰慕之情。后来，他进入汉口市第一中学念初中，这里的校长、教务主任和绝大部分教师都是北京大学的毕业生。"一颗幼稚的心灵就这样深深地印上了北京大学的盛名。"进入西南联大后，他在内心里早已经成了"北大人"。巧合的是，夫人彭兰在念高中时也曾在同班同学中公开声称要做北大的学生，同学都戏称她为"准北大生"。在参加大学统考时，她的三个志愿竟然填的都是北大。

1952年，根据政务院"关于改革学制的规定"，全国高等院校进行了大调整。调整的宗旨是：把中华民国时期效仿英、美式构建的高校体系改造成效仿苏联式的高校体系。调整的结果是：工科院校得到了加强，综合性大学大幅度削减，人文社会科学被边缘化。由于哲学系被认为是唯心主义的大本营，全国各大学的哲学系均被取消，所有师生齐聚北大哲学系。同年10月，张世英随武大哲学系的全体教师回到了母校北京大学。一时间，北大哲学系大师云集，名家荟萃，盛况空前，规模远远超过了昔日的西南联大。"然而时过境迁，这么多名家聚集一堂，不是为了切磋学问，而是为了便于批判和自我批判，改造思想。"[2]

当时的教育部规定，哲学专业的培养目标是马克思列宁主义哲学的研究人员和宣传人员。50年代初期，很多老教授都被贴上了"资产阶级教授"的标签，没有资格正式上课，最多讲一点专题课，教学工作主要由苏联专家和学过一点马列主义的年轻教员来承担。起初，张世英被分到马列主义教研室，给学生讲授"马列主义基础"课程，实际上就是讲联共（布）党史。1953年，他进入外国哲学史教研室，专业方向回

图 2-13 50 年代摄于北大中关园 72 号家中

图 2-14 50 年代的学术讨论（从右至左：冯友兰、汤用彤、张世英、黄子通、石峻）

到了西方哲学史，特别是德国古典哲学和黑格尔哲学。但在当时，西方哲学只不过是马克思主义哲学的注脚，所以，"1952 年，哲学系设立西方哲学史课程的科目名称，但是没有安排人去开课。北京大学本科教育暂时停开西方哲学课程，稍后则由苏联派来的年轻讲师萨布什尼科夫给研究生讲西方哲学历史"[3]。从 1956 年起，哲学系才恢复讲授西方哲学史，课程由贺麟、郑昕、任华、熊伟、苗力田、齐良骥和张世英等人合开，张世英主讲康德、黑格尔部分。60 年代才开始讲授"现代资产阶级哲学批判"的课程。

图 2-15　院系调整后北京大学哲学系部分师生合影（后二排戴太阳帽者为金岳霖，由此至右为苏联专家、郑昕、冯友兰，郑昕与冯友兰前为张世英，1953 年 7 月）

图 2-16　1953 年 9 月中旬摄于颐和园

从 1953 年到 1964 年，张世英开设的课程有："列宁的《哲学笔记》""西方哲学史""西方哲学史原著选读""现代资产阶级哲学批判""黑格尔哲学""黑格尔的逻辑学""康德黑格尔哲学"等。1951 年考入北大哲学系的任吉悌回忆，"列宁的《哲学笔记》，作为一门专门课程，由北京大学著名黑格尔专家张世英教授和苏联专家格奥尔吉也夫教授讲授。张世英教授对这门课程的讲授，既有总体把握，又有细微的分析，还有名词概念的诠释，尽可能联系实际。尤其令人赞赏的，是他负责精神和科学态度以及引文的准确性。他一面讲授课程内容，一面用德文版的黑格尔的《大逻辑》核对译文，使之准确，便于我们科学地掌握列宁的辩证法思想，这样的教法，自然受到欢迎"[4]。据 1954 年考入北大哲学系的张翼星回忆，张世英是当时哲学系开设课程最多，授课时间、听课人数也最多的一位教师。当时学生们中间流传着这样一个"奇闻轶事"："贺麟教授和他的学生张世英教授同时讲课，贺麟先生的课堂会逐渐冷清，而张世英教授的听课学生会越来越多。"[5]

对于一些"资产阶级教授"来说，要用马克思主义哲学作指导，实在不是他们的强项。据 1952 年考入北大哲学系的陈启伟回忆，他的大学毕业论文题目是"批判休谟的不可知论"，系里请洪谦先生做他的论文指导老师。洪先生对他说："你这个论文题目只有一半，只有'休谟哲学'这一半，我可以做些指导，至于'批判'这一半，你恐怕要自己多思考。'批判'要用马克思主义观点，我学马克思主义大概还不如你们同学学得多。"[6]

老教授既要自我批判，又要批判别人，这两项工作都需要"要求进步"的青年"积极分子"的配合。"在那个年代里，老教授作批判和自我批判，由年轻人帮助，其中包括对老教授的批判，几乎成了常规。"[7]张世英也是那些青年教师中的一员。1954 年，毛泽东发起了对以"胡适思想"为代表的资产阶级唯心论进行斗争的总动员令。院系调整后的哲学系第一任系主任金岳霖先生属于"进步教授"之列,为了帮助他批判胡适,组织上安排汪子嵩、张世英和黄枬森三位年轻教员执笔写了一篇批判文章,于是,就有了1955年《北京大学学报》创刊号上发表的署名"金岳霖、汪子嵩、张世英、黄枬森"的批判胡适的文章。

1956年出任哲学系系主任的郑昕先生是著名的康德哲学专家,古文基础非常好,著作文章也很有文采,可是写起大批判稿来却犯了难。于是,副系主任汪子嵩就叫张世英和黄枬森替他写。他们连夜赶写了一篇发言稿,还专门去郑先生家把稿子给他念了一遍。不料,第二天开会的时候还是出了状况:郑先生念到一半的时候,稿子就翻乱了,引得全场哄堂大笑。据说,他思想斗争太激烈,所以头天晚上一夜没有睡。

1955年,外国哲学史教研室开始招收研究生,朱亮是张世英招收的第一个研究生。同年,组织上打算派张世英去苏联进修,可是,在参加完体检之后,便没有音讯了。最后等来的通知是:"我们最后审查,还是认为你父亲是自杀死的,你不宜出国。"那个时期,张世英只能在

图2-17 1955年3月摄于北京天坛

各种政治运动的夹缝中，挤出时间做一点学术研究。相对来说，50年代中期到60年代中期，是他集中从事西方哲学研究和发表论著较多的第一个时期，先后出版了《论黑格尔的哲学》(1956)、《论黑格尔的逻辑学》(1959)和《黑格尔精神现象学述评》(1962)三本专著。由洪谦、任华、汪子嵩、张世英、陈修斋、朱伯崑等人编写的《哲学史简编》(1957)是中国人自己编写的第一部西方哲学史。此外，他还在《光明日报》《人民日报》《哲学研究》《新建设》和《红旗》等报纸杂志上发表了40余篇文章。回顾这个时期发表的学术成果，他多次表示"深感惭愧""不胜愧汗"，因为"那是一个政治压倒学术的年代。……大批判是当时政治对学术研究的最高指导原则"。他把自己的那部分"大批判"文字看作政治形势指导下的"一唱亿和"之作。

1957年初，北大哲学系根据党中央"百花齐放，百家争鸣"的方针，在中宣部和中国科学院哲学所的直接指导下，主办了一次"中国哲学史座谈会"，中国哲学史、西方哲学史和马克思主义哲学领域的老中青三代百余名"哲学工作者"参加了会议。用这次会议的主要筹办者汪子嵩的话说，这是"建国后近30年中仅有的一次基本上做到自由争鸣的讨论会"，会议的一个焦点是对唯心主义的评价问题。贺麟先生认为，唯物主义与唯心主义的关系，不是"革命与反革命的关系"，可以相互学习、借鉴和吸收。张世英抱着"维护马克思主义哲学"的态度，在会上做了题为"略谈对唯心主义的评价问题"的发言，强调"唯心主义思想体系里的确包含有不少合理的东西，但唯心主义的原则本身是不正确的、不好的"，并从政治上把历史上的唯心主义同反动阶级联系在一起。这篇文章发表在了1957年2月2日的《人民日报》上。显而易见，在这个问题上，张世英和贺先生的观点是相左的。张世英回忆说："那篇文章显然是极'左'的教条主义的产物，思之赧然。"[8]

图 2-18　北大哲学系教师在哲学楼前合影（前排左起：朱伯崑、陈修斋、张世英、任华、洪谦、郑昕、冯友兰、王宪均、张岱年、李世繁、汪子嵩、晏成书，1957 年）

图 2-19　北大哲学系师生参加十三陵水库建设后留念（1958 年）

图 2-20　与北大哲学系好友汪子嵩先生在中关园 72 号家中留影（1963 年）

令后来的张世英"深感愧疚"的一段经历是：在他批判黑格尔的唯心主义的文章中，夹杂着一些对他的恩师贺麟先生的唯心主义观点的批判。院校调整后，张世英和贺先生成了北大哲学系的同事，其间他们还合著了《黑格尔关于辩证逻辑与形式逻辑的关系的理论》的小册子（1956）。不料，组织上把"批判贺麟的唯心主义"的任务交给了张世英。一开始，他颇有些犹豫和为难，毕竟那是他走上哲学之路的引路人。但系里的一位党政负责人对他妻子彭兰说："张世英有旧思想，对老师不敢批判。"对于一个"追求进步"的年轻教员来说，"旧思想"的帽子让他感到受到了轻视，于是，经过一番"思想斗争"，他渐渐地"转过弯"来了，鼓足了"吾爱吾师，吾更爱真理"的勇气。回看自己那些"借当时之政治气势压制学术思想的语言"，张世英每每感到懊悔和愧疚。

后来，贺麟先生离开了北大，调入了中国科学院哲学研究所，师生两人的交往相对而言就少了许多。晚年的张世英常常满怀深情地回忆与贺先生的过往，多次说贺先生在他的"哲学生涯中打上了深深的印记"。1990年，笔者曾经去家里拜访过贺先生。得知我是张先生的学生时，贺先生说：张世英的学问很好，你要跟他好好学习。临别时贺先生让我转达他对张先生的问候。1992年9月23日，贺先生与世长辞。张世英送去了下面的挽联：

> 滇南立雪，承启蒙痴，游子自来思故里；
> 耄耋穷经，更添新意，后生立志步前贤。[9]

2001年，为了普及"汉译世界学术名著丛书"，商务印书馆推出了"汉译名著随身读"系列图书，对一些代表性名著进行压缩，以短小的篇幅呈现原著的精髓。年逾80的张先生担任了贺先生翻译的黑格尔《小逻辑》节选本的选编者。2019年，年近百岁的张先生为"贺麟故居纪念馆"题写了"五凤溪家风讲堂"几个大字，表达了对恩师的缅怀之情。

张世英在"文革"前发表的著作和文章，不仅在社会上受到了好评，也进入了高层领导人的视野。毛泽东和林彪都曾经读过他写的《论黑格尔的逻辑学》。专门负责毛泽东晚年图书服务管理工作的徐中远出版了一部《毛泽东晚年读书纪实》，书中对毛泽东晚年阅读过的图书进行了梳理，在"毛泽东晚年读过的逻辑学书目"中，就有张世英的《论黑格尔的逻辑学》，而且有三个不同的版本。[10]当时的中宣部部长陆定一曾经约见张世英，希望调他到中宣部工作，只因他不是共产党员，便作罢了。1961年的一天，北大党委宣传部通知张世英，要他去参加由

图 2-21　为贺麟故居纪念馆题字

中宣部副部长周扬主持的全国宣传工作会议。会议结束前,周扬要他在全体会上做个报告,批判现代资产阶级哲学,于是,他便在大会上做了题为"批判新黑格尔主义"的报告。这样的经历曾令当年的张世英颇感"自得",毕竟这意味着自己的工作得到了组织的肯定。

3. "文革"中的困惑与彷徨

1966 年 6 月,"文革"开始。全国各级学校都实行"停课闹革命",北大哲学系是"文革"的重灾区,教学和学术活动完全陷于停顿。十年动乱期间,张世英的教学和学术研究几乎是一片空白。仅有的研究成果包括由汪子嵩、张世英、任华等合著的《欧洲哲学史简编》(1972),由朱德生、黄枬森、齐良骥、张世英、朱伯崑、王永江、邹本顺等人

图 2-22 汪子嵩、张世英、任华等编著《欧洲哲学史简编》(1972年)

图 2-23 汪子嵩、张世英、任华著《西洋哲学史概说》日文版

编写的油印本《马克思主义哲学发展史》(1972)和由张世英翻译的巴克莱的《人类知识原理》，收入北京大学哲学系编《十六—十八世纪西欧各国哲学》(1975)。做"哲学家"曾经是他在西南联大两次改系之后的毕生追求，现在，他只能做一个"哲学工作者"，一个名义上以"哲学"为业，却不能有自己独立思考的人。关于"文革"期间的处境，他做过如下自述："就以我个人而言，'文革'十年我既非造反派，又非遭受迫害的资产阶级学术权威和老革命干部，也非家庭出身不好的子弟，更未曾被子女斗过，而是一个基本上属于旁观者、逍遥派的角色。"[11]

在此期间，西方哲学、德国哲学方面的专业书都被推到了书柜的里层，外层则摆放起语录和各种摘编之类的小册子。利用这段相对清闲的时间，他熟读了《唐诗三百首》和《宋词三百首》，哲学追求主要寄托在了诗兴之中，书斋成了他怡然自得的"桃花源"。在齐白石的画横遭

图 2-24 全家福(1968年2月11日摄于颐和园)

图 2-25 和母亲在一起(1969年7月11日)

图 2-26　和女儿晓嵋在一起（1970 年 10 月 11 日）

图 2-27　和长子晓岚和幼子晓崧摄于中关园 72 号（1970 年 2 月 15 日）

二、从先生到"大先生" | 057

图 2-28　夫人彭兰从江西鲤鱼洲下放劳动回京后,与张世英在天安门广场合影(1971年10月4日)

图 2-29　和中学同学仓孝和、朱维凡、李亭玉合影,并赋诗一首(1972年9月10日)

批判之际，他不忍卷起书斋里白石老人亲笔为他题字的一幅珍品，遂作七绝一首：

凌乱诗书一榻斜，犹悬白石荔枝花。
闲吟李杜豁胸臆，窗外任他噪暮鸦。

1975年闻"白卷先生"被吹捧，张世英填了一首《采桑子》：

长空雁叫关河暗，荆棘纵横，翠叶凋零，洙泗之间走鲤鲰。
居然腐鼠成滋味，鸾凤惊鸣，竖子成名，义愤填膺泪欲倾。

课不能上了，学术研究无法搞了，他就"偷学"外语。那时，他们一家住在中关园72号的平房里，一个只能放一张单人床的小屋，就成了张世英"偷学"外语的"世外桃源"。据先生长子晓岚回忆，张世英在小屋住的时候，桌上玻璃板下面有一首诗，后两句是"躲进小屋成一统，任他屋外噪暮鸦"。先生爱女晓嵋回忆道："'文革'期间，父亲每天抱着小收音机，收音机上连着根细铁丝样的天线伸出小窗户，小心翼翼地通过短波学德语，有时坐在马桶上还在读背。母亲常担心这露出窗外的天线：一怕被人发现，招来麻烦；二怕老鼠或飞鸟碰到天线，影响了父亲的收听。于是，她常踱步屋后，查看天线。"[12] 实际上，张世英不仅"偷学"德语，还开始学习法语。据1955年考入北大哲学系的赵修义回忆：1979年底，他和几位同学去北京探望张世英先生。"张先生精力还非常旺盛，指着桌子上当时还非常罕见的录音机，告诉我们最近一段在学法语，想看看法国人把他的著作翻译成了什么样子。"[13]

二、从先生到"大先生" | 059

要想在"文革"期间做一个完全的逍遥派谈何容易！早在"文革"前，哲学系一位同事便无中生有，揭发张世英曾经想逃往香港，因此他曾长期受到党组织的怀疑，"文革"中更是受到工宣队的审查，结果不了了之。据1964年考取北大哲学系研究生的孙月才回忆，"文革"初期，领导曾给他看过一张系里应当批判的所谓资产阶级学术权威的名单，张世英的名字赫然在列。不知何故，张世英并没有因此被批，张世英本人甚至对自己曾经被列入黑名单一事毫不知情。此外，工宣队还曾怀疑他在西南联大读书期间到武汉沦陷区当过汉奸，为此审查了他3年，后来证明是他们认错了人。虽然最终真相大白，但他的小儿子在此期间却不能升高中。更为悲剧的是，从父亲石渠先生死后到"文革"结束的漫长岁月中，每当张世英和他的子女们填写档案表时，都要专门交代石渠先生的死因，整整交代了26年之久！

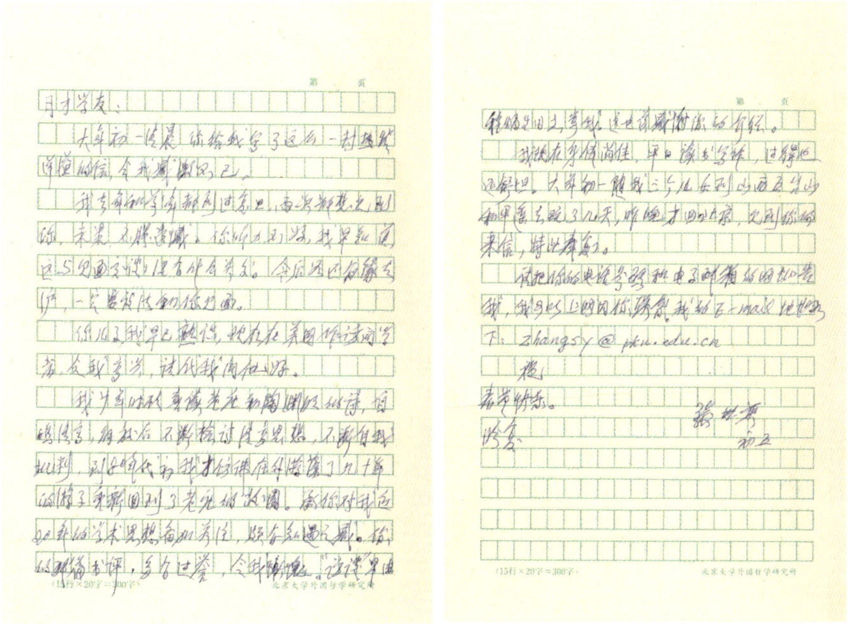

图 2-30　张世英写给孙月才的信

说起"文革"时期的北大，不能不提到"两校大批判组"。"文革"后期，为了开展"批林批孔"运动，在组织的直接授意和领导下，由北大和清华两所学校的部分人员组成了"批林批孔材料小组"，去毛家湾收集整理林彪的尊孔材料，编写了《林彪与孔孟之道》。接下去，这个小组开始奉命撰写批判文章，"批林批孔材料小组"更名为"北京大学、清华大学大批判组"，简称"两校大批判组"。"两校大批判组"下面又有两个小组：批判组和材料组。北大哲学系的几位老师先后加入了这两个小组。那个时期，"两校大批判组"成了宣传毛泽东思想的重要喉舌。

从 1964 年开始，张世英就患了肝炎，多年不愈，赋闲在家。"文革"后期，"两校大批判组"通过哲学系党总支书记通知张世英：林彪家里有黑格尔的书，还有张世英论黑格尔哲学的书，责令他去"清查"。张世英以自己患肝炎为由推辞再三，没有获准。就这样，张世英算是进入了"两校大批判组"的材料组，为了照顾他的病，同意让他住在家里。在毛家湾林彪的书房里，张世英果然看到了自己的《论黑格尔的逻辑学》。林彪仔细阅读过这本书，凡是讲到黑格尔思想的"合理内核"之处，他都圈圈点点，表示赞赏。他特别欣赏张世英所讲的黑格尔"多样性的统一"的哲学，在批语中写道："毛泽东讲一分为二，张世英讲一分为多。"旁注标了"一朵儿"三个字，"朵"显然是"多"字的谐音。虽然张世英没有参加"两校大批判组"的批判组，更没有参与批判文章的写作，"文革"结束后，他还是受到了组织的审查，要他交代他在翻阅林彪的那些评语之后的心情和感受。张世英的真实感受是：林彪不是个大老粗，还是懂点哲学的。当然，这个感受他没敢"交代"。经过两年多的审查，最终的结论是：张世英在"两校大批判组"期间没有写过批判文章，这段历史不记入档案。

二、从先生到"大先生" | 061

图 2-31 张世英使用的外文打字机

回顾自己"走出象牙之塔"以后 30 年的岁月，张世英感慨万端，曾赋七绝一首：

三十年华转眼过，天涯浪迹岁蹉跎。
故园别久思归去，犹盼日西挥鲁戈。

"文革"以后，特别是到了晚年，张世英开始从哲学上反思这样一个沉重的问题：中华大地为什么会发生"文革"？在他看来，中华几千年的传统思想文化，素不重视乃至压制自我个性之发展，是一个重要原因。结果是：国民往往"缺乏自我独立思考的自由意志，一味听命于他人"[14]。"文革"中的造反派无法无天，肆意妄为，看似非常"自由"，实际上是个体自我长期受到压制之后的一种病态发泄。"这真是中华传统文化思想的悲哀，其最大的特点在于，自以为反了封建专制，却仍然维护了封建专制；自以为获得了自我解放，却仍然扼杀了自我。"[15]

（二）学术上的春天："羁鸟恋旧林"

1."耳顺"之年再出发：在北大外哲所的日子

1964 年，根据教育部《关于高等学校建立研究外国问题机构有关事项的通知》，决定在北京大学建立外国哲学研究所，"其主要任务是研究现代西方各大哲学思潮和主要流派，以配合国际斗争的需要。当时在全国是惟一的一个这样的哲学研究所"[16]。包括张世英在内的哲学系部分教师陆续调往该所工作。但很快"文革"开始了，研究所实际上名存实亡，所有研究人员一直留在哲学系内参加政治运动。1976 年 3 月，外哲所正式恢复系级建制，由洪谦先生任所长，熊伟先生任副所长。研究所下设两个研究室：欧美哲学研究室和苏联东欧哲学研究室。张世英从 1984 年开始担任外国哲学研究所学术委员会主任、北京大学学术委员会委员。1996 年，外国哲学研究所并入哲学系。

"文革"结束后，套在哲学脖子上的政治枷锁逐渐松绑，张世英的思想也逐渐从政治独断和教条主义的束缚下解放出来，"仿若一个在外飘荡了几十年的游子，重新回到了自己的家园"，迎来了自己"学术上的春天"。张世英写道："苏老泉二十七岁发奋已恨晚，我和我的同辈同行们到花甲之年才认真为学，未免可笑亦可悲。然而我为了找回和补偿已丢失的盛年，仍以'人一能之己十之，人十能之己百之'的精神，勤耕至今。"[17]

此时的张世英厚积薄发，思如泉涌，欲罢不能，学术成果呈井喷式增长。从 20 世纪 80 年代开始，除在报纸杂志发表的大量学术论文外，陆续出版了《黑格尔〈小逻辑〉绎注》（1982）、《论黑格尔的精神哲学》（1986）、《康德的〈纯粹理性批判〉》（1987）、《天人

二、从先生到"大先生" | 063

图 2-32　1978 年后在课堂上讲授黑格尔哲学

图 2-33　1979 年 7 月 24 日摄于中山大学

图 2-34　1979 年 8 月 3 日摄于桂林芦笛岩

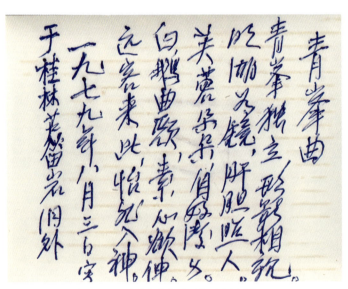

图 2-35　1979 年 8 月 3 日游桂林芦笛岩时作《青峰曲》

之际——中西哲学的困惑与选择》(1995)、《北窗呓语——张世英随笔》(1998)、《进入澄明之境——哲学的新方向》(1999)、《自我实现的历程——解读黑格尔〈精神现象学〉》(2001)、《张世英学术文化随笔》(2002)、《哲学导论》(2002)、《新哲学讲演录》(2004)、《境界与文化——成人之道》(2007)、《归途——我的哲学生涯》(2008)、《羁鸟恋旧林——张世英自选集》(2008)、《我的思想家园》(2009)、《中西文化与自我》(2011)、《美在自由——中欧美学思想比较研究》(2012)、《万有相通：哲学与人生的追寻》(2013)、《觉醒的历程——中华精神现象学大纲》(2013)、《张世英回忆录》(2013)、《九十思问》(2016)、《张世英文集》十卷本(2016)、《中西古典哲理名句：张世英书法集》(2018)、《中西哲学对话：不同而相通》(2020)等。令人叹为观止！

图 2-36　和 60 年代初招收的第一个研究生朱亮（左一）在一起（1979 年 11 月 17 日）

图 2-37 北大外哲所首届研究生毕业留念（第一排左二起：孙引亮、沈少周、张世英、任华、洪谦、熊伟、王永江、李德齐、张慧秋、马秀燕，1981 年 7 月）

70 年代末，张世英重新走上阔别多年的讲台，主要为研究生讲授"黑格尔的《逻辑学》""康德的《纯粹理性批判》""新黑格尔主义"等课程。据 1977 年考入北大哲学系的张祥龙回忆："我直接见到张先生，大约是在'文革'后考入北大的第二年。张先生为我们开出关于黑格尔逻辑学的选修课，地点在第二教学楼。张先生授课，思路清晰，语言生动，略带湖北口音的普通话字正腔圆，尾音微颤而更显韵味，将那么晦涩的书讲得活灵活现，很受同学们欢迎，也给我留下深刻印象。"[18] 1978 年进入外哲所任教的杜小真回忆，洪谦教授曾经对她说：张先生在西方哲学史方面的研究"应属最好之列"。"我感觉他的课就最能体现这个'好'：讲台上的张先生神采飞扬，操着带湖北口音的字正腔圆的普通话'谈天说地'，带领听者深入他的知识理论中思考。张先生把艰深、复杂、难解的理论讲解得那样自然清晰、条理分明、深入浅出，令人回味，长久难忘。"[19]

张世英的弟子、洛杉矶罗耀拉大学王蓉蓉回忆：70年代后期，张先生开设黑格尔《小逻辑》的大课，"一百多个学生把教室挤得满满的。听课的除了哲学系的学生外，还有历史系、文学系和英文系的学生们。大家都抢着听张先生的课，因为张先生能将黑格尔的《小逻辑》讲得深入浅出、井井有条，让人思路顿开"[20]。有时候，张先生的课由小教室改大教室，由大教室改大礼堂，期末考试就在办公楼的大礼堂进行。学生们排队从先生面前经过，先生问每人一个问题，答完就算过关。神奇的是，事后学生们互相核对，问的问题竟然都不一样！[21]

当时的外哲所坐落于静园三院，除所长办公室外，有一个行政办公室、一个图书室、一个教室兼会议室，欧美哲学研究室和苏联东欧哲学研究室各有一个房间。老师们并没有独立的办公室，学生问学通常都是去老师家里。据1978年考取北大哲学系中国哲学史专业研究生的陈来回忆，在他准备做朱熹哲学方向的硕士论文时，不确定朱熹是和黑格尔比较接近，还是和柏拉图比较接近，便去就此请教张先生。张先生明确告诉他朱熹还是和柏拉图更为接近，给了他"一个方向性的指示"，使他少走了很多弯路。令他印象深刻的是：那时全家还在吃饭，在张先生接待他的时候，师母和家里其他人没有任何反应，照常吃饭。可见，这种场面在他们家里属于常态。[22]

1980年，张先生招收了"文革"后的第一批硕士研究生，1987年开始招收博士研究生，他的很多学生已经成为学术界的翘楚。张先生招研究生，从来不看考生的学校和家庭背景，只看重学生做学问的能力和兴趣。在他的众多弟子中，最具传奇色彩的，当属1980年入校

图 2-38　1981 年 10 月 4 日摄于北大校园

图 2-39　在长春讲学时留影（1982 年 8 月）

的朱正琳。朱正琳来自贵州,"文革"期间,因参加民间自发的读书小组,蒙冤卷进了一个所谓的"反革命集团"案,于1971年被捕入狱。虽然4年后获释,并在1979年获平反,但裁定书上还留着一条"思想反动"的"尾巴"。1980年,他报考了张先生的研究生,考分第一。张先生对这个考生只有中专学历而考出如此成绩有所怀疑,特派了两名教师前往贵阳进行面试,确认其真才实学后决定录取。然而,校方因他在"文革"中的经历决定不予录取。朱正琳只身来到北京进行申诉,张先生也为他多方奔走呼吁,终于使这个只有中专学历、蹲过大牢、戴着"思想反动"帽子的"教育释放"人员,如愿进入了北大外哲所。《中国青年报》于1980年10月4日头版对此事进行了报道,题目

图2-40　1983年3月参加大百科全书哲学卷讨论会时合影(前排右起:傅世侠、黄枬森、张世英、肖前、汪子嵩、张巨青;后排右起:杨祖陶、叶秀山、张尚水、陈启伟、刘纲纪、诸葛殷同、宋文淦)

图 2-41　在复旦大学讲学（1983 年 6 月 9 日）

是《正确看待从困境中自学出来的青年——北大撤销原决定重新录取朱正琳为研究生》，并配发社论《打破形而上学的框框——三论青年人才问题》，同时将朱正琳的申述以《考分第一，榜上无名，道理不公》为标题发表。[23]

从 20 世纪 80 年代开始，张先生的讲学足迹遍及全国近 30 所高校，他的学生更是遍及海内外。在当今中国的德国哲学圈，年长一些的专家学者，很多都是张先生的学生，或直接听过先生的课，或在先生的主持下完成学位论文答辩，或受到过张先生的提携和影响。1991 年，年届 70 的张先生荣休，但指导博士研究生的工作一直持续到 81 岁。

图 2-42　张世英（后排右二）和王太庆（前排右二）、汪子嵩（前排左二）、王玖兴（后排左二）等合影

图 2-43　1987 年 3 月在陕西师大讲学时留影

图 2-44　1987 年 4 月 3 日摄于骊山

图 2-45　和"文革"后招收的第一批研究生朱正琳夫妇合影

图 2-46　和招收的第一批博士生甘绍平合影（1987 年 9 月）

图 2-47　游世界公园（左起：张祥龙、陈启伟、张世英、赵敦华，1994 年 4 月）

图 2-48　北大外哲所师生合影（前排左起：孙引亮、陈启伟、沈少周、王永江、熊伟、任华、张世英、李德齐、郭雅存、张惠秋。后排：马秀燕［右一］、杜小真［右二］、李青宜［右四］、王庆节［右五］、王炜［左五］）

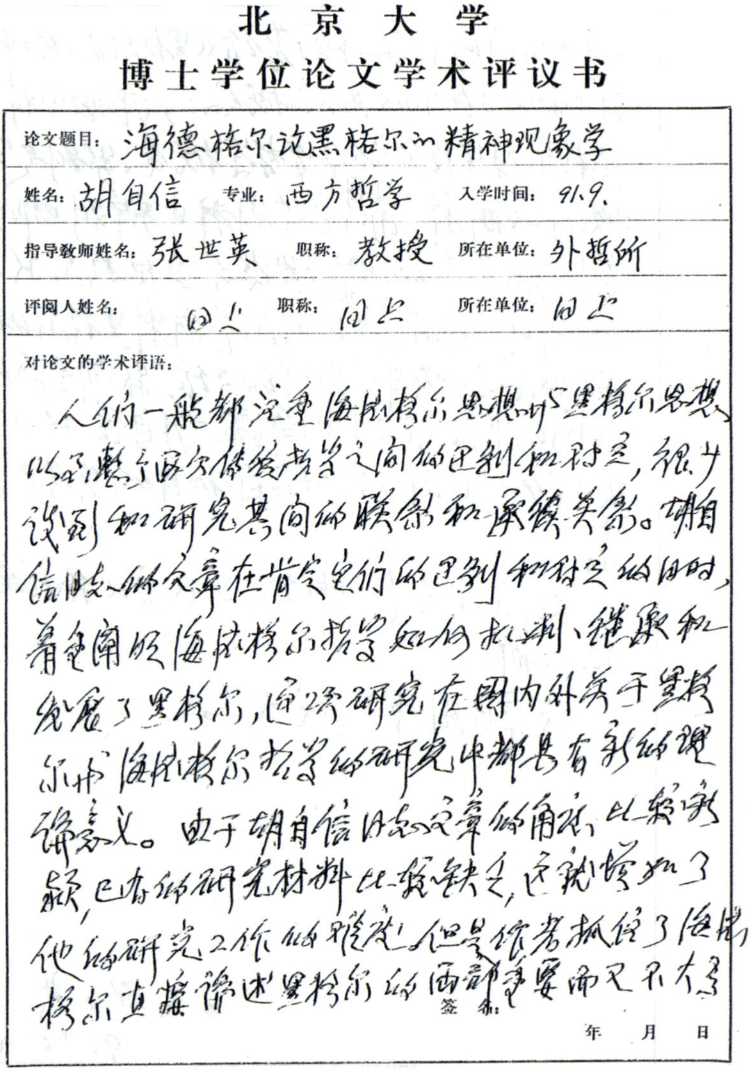

北 京 大 学
博士学位论文学术评议书

论文题目：	海德格尔论黑格尔的精神现象学		
姓名：	胡自信	专业：西方哲学	入学时间：91.9.
指导教师姓名：	张世英	职称：教授	所在单位：外哲所
评阅人姓名：	同上	职称：同上	所在单位：同上

对论文的学术评语：

人们一般都注重海德格尔思想与黑格尔思想以及整个西欧传统形而上学之间的区别和对立，很少谈到和研究其间的联系和承续关系。胡自信的这篇文章在肯定它们的区别和对立的同时，着重阐明海德格尔哲学如何批判、继承和发展了黑格尔，这项研究在国内外关于黑格尔和海德格尔哲学的研究中都具有新的理论意义。由于胡自信以这个文章的角度比较新颖，已有的研究材料比较缺乏，这就增加了他的研究工作的难度，但著者抓住了海德格尔直接论述黑格尔的西部重要论文不失为……

签名：　　　　　　　年　月　日

图 2-49　为胡自信写的博士论文评语

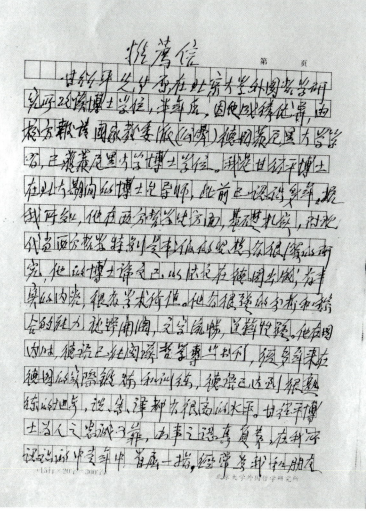

图 2-50　为甘绍平写的推荐信

图 2-51 摄于白石老人题赠的画作前（1996 年 8 月 17 日）

图 2-52 出席在钓鱼台举办的"首都知识界中秋晚会"（1996 年 9 月 26 日）

图 2-53　和 1978 年考取北大哲学系研究生的陈来在一起（2018 年 2 月）

2. 创建湖北大学哲学研究所：湖北大学哲学学科的奠基人

作为一个地道的湖北人、武汉人，张世英注定与武汉的大学有一种说不尽的缘分。除了武汉大学之外，另一个与张世英结缘的大学就是湖北大学。湖北大学的前身是创办于 1931 年的湖北省立教育学院，后来几易其名，1958 年更名为武汉师范学院，1984 年改建为湖北大学。1980 年，受当时武汉师范学院政教系的邀请，张世英为师生们讲授黑格尔的《逻辑学》，讲座地点是古朴典雅的中文楼。开讲当天，教室里挤满了听众，连续更换了两个教室，观众的热烈程度可见一斑。讲座从 3 月 24 日开始，到 5 月 9 日结束，张世英用一个多月的时间基本上讲完了《逻辑学》这本书。

这次讲学之后，张世英被已经更名改制的湖北大学聘为兼职教授。1985年，应时任湖北大学校长徐章煌教授之约，张世英创建了湖北大学哲学研究所，并任首任所长。研究所确立了两个主要目标：一是培养硕士研究生，二是办好《德国哲学》丛刊。当时的湖北大学还没有哲学硕士学位授予权，在张世英的斡旋下，采取了类似联合办学的培养模式：研究生毕业时由武汉大学组织论文答辩并授予哲学硕士学位。包括邓安庆、严平等5名同学在内的首届研究生于1986年正式入学。

张世英对湖北大学哲学所的建设投入了巨大的精力。首先是图书室外文资料库的建设。据邓安庆回忆，张世英多方筹集资金，从德国购买、复制了大批德国哲学原著，既有古典哲学家的著作，也有现代哲学家的文献。一时间，所里的德国哲学原始文献远远超过了武汉大学的藏书。其次是师资队伍的建设。建所之初，张世英就把他的得意弟子朱正琳调了过来，协助他筹建研究所。1987年以后，研究所又陆续引进了张志扬、陈家琪、魏敦友、江畅、戴茂堂等青年教师，为研究所注入了新的活力。再次是教学环节的安排。由于张世英的主要工作还是在北京大学，他在这里只能通过

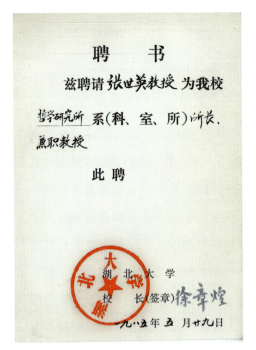

图 2-54　湖北大学哲学研究所聘书

"系列讲座"的形式授课。除他本人外，张世英还邀请了武汉大学哲学系的陈修斋、杨祖陶等教授来做讲座。张世英对学生的要求非常严格，亲自布置阅读书目，要求他们写出详细的读书笔记并亲自检查。[24]

哲学研究所的创办为湖北大学由师范院校向综合性大学转型做出了重要贡献。1988 年，张世英以湖北大学哲学研究所的名义，主办了以"德国哲学中人的问题"

图 2-55　和邓安庆在一起

为题的国际学术会议。"这次国际学术研讨会为'文革'之后的湖北大学及其哲学学科走向国际化，为湖北大学哲学学科的发展起到了奠基性作用。正是由于张世英先生的奠基，湖北大学哲学学科从无到有、从小到大。"[25] 2003 年，湖北大学成立了独立建制的哲学系，2007 年更名为哲学学院。

湖北大学对张世英心怀感念，多次派人赴京看望张先生。张先生也一直关心湖北大学哲学学科的建设和发展。2016 年 3 月 31 日，张先生对专程前来拜访的原湖北大学党委书记尚钢教授说：湖北大学是我家乡的大学，也是我工作过的地方，我一直非常关心湖北大学的哲学学科，关注学校的建设发展。学校不仅要有大楼，更要有大师，人才是学校发展的根本。张先生向尚钢书记建议，要高度重视学术研究，高度重视

图 2-56　邀请美国得州大学罗伯特·所罗门（Robert Solomon）教授赴湖北大学讲学的书信草稿

图 2-57　罗伯特·所罗门（Robert Solomon）教授的复函

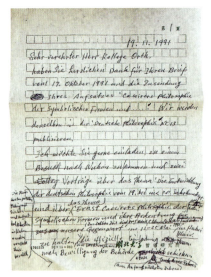

图 2-58　邀请第 14 届德国哲学协会秘书长、特里尔大学哲学系奥尔特（Ernst Wolfgang Orth）教授赴湖北大学讲学的书信草稿（1991 年 11 月 19 日）

图 2-59　第 14 届德国哲学协会秘书长、特里尔大学哲学系奥尔特（Ernst Wolfgang Orth）教授的复函

图 2-60　江畅（左二）、戴茂堂（右二）等代表湖北大学师生来看望（2018 年 8 月）

学者和人才队伍的发展，扩大学校影响力。他殷切希望湖北大学越办越好，努力办成高水平的一流大学。[26]

3. "大先生"风采：80 岁为大一新生讲授"哲学导论"

笔者于 1987 年考入北大外哲所，跟随张世英先生学习德国哲学，1992 年博士毕业后留校任教。此后近三十年的时间里，笔者不仅是张先生的学生，而且成了张先生的同事，与先生有了更多的交往。令我终生难忘的经历是：为张世英先生的"哲学导论"课做助教。20 世纪末，北京大学进行教学改革，鼓励老教授开设本科生基础课程，这实际上是北大的老传统。2001 年秋季学期，哲学系请 80 岁高龄的张世英先生为哲学专业本科生开设"哲学导论"课程。这在当时可是系里的一个大新闻。那时张先生已经荣休十年，除指导博士生外，已经告别本科生的讲台多年。系里对此次课程十分重视,系领导找到笔者,嘱笔者带着两名研究生为张先生做助教。笔者真是喜出望外,虽然做先生的学生多年,这是笔者第一次聆听先生一门完整的课程,而且和他一起参加讨论,为学生答疑。

张世英先生自己对这次上课也非常重视。熟悉张先生的学生和同行都知道,他讲课思路清晰,语言流畅,引经据典。殊不知,为了呈现这样的课堂效果,他在台下是下了很大的功夫的。张先生亲口对笔者说过,从年轻时代开始,不论给什么样的学生讲课,他都有一个习惯:课前一定要认真准备讲稿,而且,上课头一天他一定要把讲稿的内容烂熟于心。笔者猜想,张世英先生对"三尺讲台"的这种"敬畏",和他在西南联大的经历有关。当时,吴宓先生"备课之认真",在同学们中间广为传诵。张世英先生回忆,吴先生"每次讲课前一夜,都要写出详细

图 2-61　为大一新生讲授"哲学导论"(2001 年)

图 2-62　出席社科院 50 周年大会（左起：王玖兴、张世英、王太庆、汪子嵩、何兆武）

的讲授提纲，哪些先讲，哪些后讲，哪些多讲，哪些少讲，他都要仔细斟酌，即使熟悉的引文也要核对再三。临到讲课的那天清晨，他还要找一个僻静的地方，默想一遍当天讲课的内容"[27]。

接受这次授课任务之前，张世英先生就有"清理和系统化自己的哲学思想的打算"，系里也希望课程结束以后，能够以教材形式出版《哲学导论》一书。准备讲稿的过程，既是整理他自己哲学思想的过程，也是展开新的哲学运思的过程。课堂上，80 岁的老先生和 18 岁的学子们完全没有"代沟"。他经常在讲哲学大道理的同时，念一些中国的古诗词，当念到同学们熟悉的诗词时，往往会出现师生齐声朗诵的壮观场面。同学们为先生渊博的学识和缜密的哲思所感染，每次课程结束，总是报以长久的掌声。

先生的"导论"课，成了系里的"明星课"，听众不仅有本系的同

图 2-63　和学生们在一起（前排左起：张慎、张世英、甘绍平，后排左起：严平、杨河、李超杰、艾四林，2011 年 5 月 21 日）

图 2-64　和学生们在一起（左起：李超杰、严平、张世英、张慎、甘绍平、彭国华，2017 年 5 月 20 日）

图 2-65　和学生们在一起（从左至右：李智、杨寿堪、张世英、侯鸿勋、张晶，2013年2月15日）

图 2-66　和孙月才、孙向晨父子在一起

图 2-67 和弟子们在一起（前排左起：李超杰、张世英、杨河，后排左起：胡自信、甘绍平、艾四林、严平，2016 年 9 月 10 日）

图 2-68 民盟中央和民盟北京大学委员会代表来慰问（2017 年 1 月 10 日）

图 2-69 汤姆·洛克莫尔教授(左二)和王蓉蓉(右一)来看望(2017年6月)

图 2-70 2018年5月与北京大学哲学系返校系友合影(前排由左至右:仰海峰、李中华、楼宇烈、张世英、赵家祥、魏常海、束鸿俊;二排左一:彭兴业;二排右一:朱善璐)

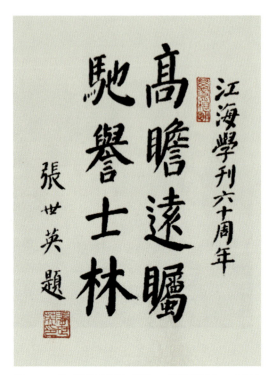

图 2-71　为《江海学刊》创刊 60 周年题词（2018 年）

学,还有很多慕名而来的旁听生,同学们都为有机会聆听张先生的课欢欣鼓舞。张世英先生住在中关园,离教室有一段不长的路程。为了有更多的机会和先生在一起,这些"粉丝"同学们发生了"争执":由谁负责接送张先生上课。最后,大家只能"排队",轮流接送,一时间,成了北大校园里一道亮丽的风景线!学生们对张先生的评价是:"敬业勤勉,学识渊博,风趣幽默,条理清楚,发人思考,和蔼可亲。"他自己对这个评价颇为自豪,常常谈起。课程结束,令人期待已久的《哲学导论》一书也如期面世。在当时的学术界,这是一件大事。在相当长的一段时间里,我国哲学界没有一本像样的《哲学导论》,讲基础课的老师们苦不堪言,只能八仙过海,各显神通。现在,张先生的《哲学导论》早已成为很多大学哲学系的指定教材和参考书。

从 81 岁起,张世英先生不再担任校内教学任务,但仍然经常在校内外做讲演。张先生招收的第一届博士生、从德国留学归来后任职社科院哲学所的甘绍平,记述了先生以 90 岁高龄到哲学所做讲座的一段往事。那是 2011 年 11 月 23 日,先生做了题为"怎样才能成为一个'审

图 2-72　北大哲学系主任仰海峰教授（左）、华东师范大学哲学系杨国荣教授（右）参加张先生 98 岁寿辰庆祝活动（2019 年 5 月 20 日）

图 2-73　和 1979 年考入北大哲学系的彭兴业亲切交谈

美的人'——自我实现的历程"的学术演讲。"讲座吸引了大批听众，上至八十下到二十多岁的整整四代学生济济一堂，论坛气氛非常温馨。"听众中有81岁的候鸿勋教授和80岁的梁志学教授。"张先生的讲桌上只有一张纸，上面只有几行字。其高识深论，早已了然于胸。他把博观而约取、厚积而薄发的本领发挥得淋漓尽致，充分展现了一位哲学巨擘的英姿。"[28]

北大哲学系七九级学生、原北京市海淀区政协主席彭兴业记述了张世英先生95岁时为海淀区政协做报告的情形。"那天先生精气神很好，足足讲了一个半小时，没有看稿子，没有喝过一口水，自始至终，声音洪亮，逻辑清晰，大一二三四五，小一二三，一点儿不乱。先生从如何成为'审美的人'，讲到如何从不完全的人一步一步走上完全人的道路，一气呵成。"[29]

4. 先生的治学心得

（1）"博学"与"慎思"[30]

"《礼记》有云：'博学之，审问之，慎思之，明辨之，笃行之。'对治学而言，博学与慎思，二者同等重要，不可偏废。治学光靠苦思冥想，往往会流于空疏。对于搞哲学的人来说，尤其要防止这个毛病。"

"做学问首先要求打基础、练功底，多掌握资料。学术研究中所提出的创见，必须有资料为依据。资料包括原始资料和已有的研究成果即第二手资料。一本学术专著或一篇学术论文，其水平如何，除了看它是否有创见外，还一定要看它引用的资料是否准确扎实，是否充分。"

"但学术研究毕竟是一项创造性的工作，最终还是要落实到创新上来。创新就是在学术界已经达到的水平上前进一步，在祖述前人

（包括已发表过研究论文的同时代人）的基础上开花结果，这才叫研究成果。"

"还是《论语》上的那句话说得好：'学而不思则罔，思而不学则殆。'做学问既要有'学'作功底、为基础，又要靠自己独立的'思'使学问枝繁叶茂。如果说，在'学'的方面要多一点虚心的态度，那么，在'思'的方面倒是可以提倡大胆一点。把学与思两方面结合起来，才是治学之正道。"

（2）"师心"与"师古"[31]

"中国人为学，向有注疏的传统，即使是个人的重大创见，也寓于对古人的注疏之中。解放之后，虽不乏大块文章，但究其实质，亦不过是对马克思列宁主义经典著作的注疏。改革开放十多年来，此风渐减，但近些年来，各种形式的整理国故之风又起。"

"即使是那些不属整理国故之列的研究，其所研究的对象，也大多不是中国的'子曰诗云'，就是西方的'康德说''维特根斯坦说'，总之是'他说'。其中确有很有价值的创见和新意，但这种'我说'仍然是'我说他之所说'，似乎不说他之所说，我就无可说。"

"我意国故不可不整理，'他说'不可不研究，但若以此为主流，形成一种唯此为学问的时风，则不足取。中国人向有师心与师古之说，我倒是主张以师心为主，师古为辅。我这里用'师古'一词所表示的，并非指严格意义的古人，而是指一切'他说'，包括今人之'他说'在内，凡'他说'均已过去，也可强名之曰'古'。"

"杜甫说：'读书破万卷，下笔如有神。'书读得'破'，书为我心所用，助我笔下之'神'，斯为上矣。我这里的用意不是指研究古人之'他说'时要有'破'万卷书的精神，那已是不待言的了，我这里更主要地是希望由此更上一层楼，'说我说'，而不停留于'说他说'。"

(3)"语文"与"外文"

"语文写作……本身具有传统思想文化的内涵,也是一个人、一个民族的精神和灵魂的体现,它有自身的独立的价值。一个民族、一个人,其语文作品的水平之高低,是衡量一个民族、一个人的思想文化水平和趣味之高低的重要标志之一。人文精神的丧失,正是当前人们所警惕和力图拯救的文化危机!"[32]

"提高古典文学方面的修养无疑对提高用现代汉语写作的能力,有很大的促进作用,甚至可以说是十分必要的。现代汉语并不是与所谓文言文相隔绝的。一篇好的白话文,一篇文字简练的白话文或我们平常所称道的所谓有文采的白话文,往往是和作者的古典文学功底紧密联系在一起的。缺乏这方面的功底的'大白话'与具有较深厚的古典文学功底的白话文,两者在读者面前所显示出来的趣味之不同和水平之高低,判然分明。"[33]

"语言写作方面和古典文学修养方面的功底,主要是在中小学期间打下来的。根底不深,枝叶不茂,中小学期间没有这些方面的功底,以后从事研究,特别是从事中国传统思想文化方面的研究,必然会捉襟见肘,难以达到左右逢源的境地。所以我认为,要弘扬传统文化,应当从抓中小学生的文史知识和语文写作能力做起。"[34]

"不懂外文,的确可以通过翻译,对西方哲学作一般的了解。但作为一个研究西方哲学的专家,要说不懂外文,或不很懂外文,单靠翻译或主要依靠翻译就能对西方哲学做专门的研究,写出扎实可靠的学术专著,那实在是天大的笑话。"[35]

"撰写一部研究西方哲学的专著,不可能不引用外文,如果在外文翻译上错误甚多,或者出现重大错误,那就好比治病用错了药材,或者说,用的是假药,害人性命。"[36]

"搞西方哲学史,还有一点值得一提,就是引用译文,有时需要注意核对原文。我绝不是说现在的翻译水平不高,更不是要大家不用译文;但是,即使最好的、很有研究水平的译文,也不能完全代替原文。研究工作越深入,越会发现当初译者所始料不及,或者不可能料及的东西。有时,同一个中译文的术语,原文却是意义很不相同或者大相径庭的两个字。像这样的地方,如果完全按中译本写文章,就会差之毫厘,失之千里。"[37]

(4)"为学术而学术"与"学以致用"[38]

"柏拉图说:'惊异'是求知的开端、学术的开端,'知识是惊异的女儿'。人在处于'惊异'状态时是不计较功利的,完全自由的。也正如亚里士多德所说,学术工作者在从事学术工作时,一心处于'由无知到有知的惊异状态'之中,无暇顾及外在功利的考虑。"

"学术的核心意义在于独立而自由地思考,不受功利束缚。'学以致用'是学术的应用后果,不是学术的最高目标,更非唯一目标。伟大的科学理论和创造性学术成就往往是在不计较功利、不为现实目的所制约的情况下获得的。"

"学术,或者说'学问',是对客观真理的探寻与追问,其客观性的特点使它容不得外来因素如功用、政治之类的干扰。学术上的自由来自其要求客观性的特点。……学术被政治牵着鼻子走,这种无自由之可言的所谓学术,必然无客观性,它算不上学术,只能是'政治的婢女'。"

"'学以致用'的口号没有错,但要看如何去理解。学术研究的成果可以为人所用,这并不妨碍学术活动本身是不计较功用的活动。我之所以赞赏古希腊人'为知识而知识'的自由精神,绝非是要排斥我们出于实用目的、为了获得可供人们满足实际需要的成果而进行学术研究。"

"即便学术是为了实用或功利目的,也要把目的的功利性(如为社会提供某种服务)与过程的功利性区分开来,学术研究活动本身必须遵循学术的规律,其过程不应该受功利的干扰,尤其是不应该受权力的干扰。"

"还应该区分'技术'与'科学'。把自然科学研究成果应用于实际,那只是'技术',而非'科学'。'科学'与'技术'是两个不同的概念,'科学'是'技术'的基础。"

"许多伟大的科学理论和创造性成果往往是在根本不计较功用、不考虑现实目的的情况下获得的。把'学以致用'理解为只为实用目的或主要为实用目的才从事学术研究的观点,必然使学术研究的广度和深度受到极大限制,从而陷入狭隘的功利主义。"

"学术要'自由',关键在于发挥人的'主体性',也就是发挥自我的自由本质。每个人都有'自我','自我'的本质特点是自由,独立自主,克服外在的束缚。"

"为什么中国难于出现杰出人才?其实,答案很简单,就在于缺乏'为学术而学术'的'自由精神'。其深层的思想根源在于传统思想文化缺乏以至压抑自我的主体性和人的自由本质。而中华文化之光辉未来,还有待于个体性自我的大解放,有待于启蒙。"

"西方文字,'我'字大写,中国人自古以来爱自称'鄙人'。在世界文化发展的洪流中,我们中国人也该改变一下老传统,在世界文化史上堂堂正正地写上一个大写的'我'字,做一个大写的'人'。"

5. 先生最喜欢的 10 本书[39]

2001 年,陕西师范大学出版社推出了《北京大学教授推荐我最喜爱的书》,邀请季羡林等北京大学著名教授向读者推荐他们心中的"好

书"。以下是张世英先生"最喜欢的十本书":

(1)〔古希腊〕柏拉图的《理想国》

《理想国》是柏拉图所写的约四十篇对话中影响最为广泛的一篇,内容包含了他的主要哲学基本观点、政治理想、伦理教育以及美学观点等,是最重要的一部西学基本经典著作,也是我所在的哲学专业的必读书。不过我所最喜爱的却是这种对话体裁的文学趣味。对话本是古希腊史诗和戏剧的一个重要组成部分,柏拉图把这种文学形式与学术理论结合起来,使一些抽象的理论变得非常生动活泼、浅近具体,这却是他的一种独创,特别是在《理想国》这篇对话中,有的部分甚至具有非凡的辞章之美。因此,尽管柏拉图的思想观点已经过时,不能搬用到今天,但这部作品的文学魅力却是永恒的。

(2)〔德〕黑格尔的《精神现象学》

人生在世,总想实现自我,创造一个辉煌的世界,达到"万物与我为一"的崇高境界。如何达到?《精神现象学》为我们实现自我的道路提供了一个可资借鉴的伟大范例。人从最简单的个别东西的认识起,到万物与我为一的人生最高目标止,这是一条漫长曲折、矛盾复杂的战斗历程,需要我们付出艰苦的努力和代价。但黑格尔强调指出,最终的目的与达到目的的过程相比,过程对于人生的意义更为重要。"过程比结论更真实",血迹斑斑比最后的胜利更显辉煌。这就是《精神现象学》所给我的最大启示。

(3)〔英〕莎士比亚的《哈姆雷特》

《哈姆雷特》是莎士比亚所创作的十部悲剧中最知名的作品,我念大学二年级时就在一位英语老师的指导下细读了这部著作的英文原文。我喜爱悲剧，特别相信古希腊悲剧中的一个主题：人无力抗拒命运。"命运"，我把它理解为不以个人意志为转移的东西；《哈姆雷特》中所描写的重重误杀和爱情纠葛表现了由于"命运"而导致的许多悲惨结局，展示了一幅幅波涛汹涌的人生画面。我还特别喜爱《哈姆雷特》中人物性格的复杂性和立体性，恶棍也有良心发现之时，进取向上的人也有软弱和落后的方面。莎士比亚笔下的人物的这种二重性在《哈姆雷特》中表现得尤其突出，我以为这才是最真实的人生。关于"生"还是"死"的那段激动人心的语言，深刻地表现了主人公的内心冲突，尤令人回味无穷。

（4）〔德〕歌德的《少年维特之烦恼》

《少年维特之烦恼》是一部在德国引起过轰动，在国际上发生巨大影响的作品，我年轻时就读过这部书信体小说，我当时作为一个青年人之所以喜爱它，不仅是因为它是一部爱情小说，容易赢得青年人的共鸣，更主要的是因为维特在封建等级社会中的遭遇激起我的同情。歌德用优美的文笔把主人公那种愤世嫉俗而又无力改变腐朽现实的内心痛苦和感受写得既深刻又生动具体，正是这个方面深深地吸引了我。我现在还觉得这部小说有现实意义。

（5）〔德〕《海德格尔诗学文集》

这是一部由几位中国中青年学者选译的德国现当代哲学家海德格尔（Matin Heidegger）后期关于诗学和哲学的论文集，颇能展现海德格尔整个哲学与美学思想的要旨和特点。译文也比较通俗易懂，对我们了解海德格尔及其在西方思想史上所起的作用很有意义。海德格尔是西方传统哲学思想的叛逆者，他一反旧的"主客关系"的思维模式，而主张人与世界的融合。在美学方面倡导显隐说，把西方人的思想从旧形而上的窠臼中引向一个崭新的视域。他强调哲学与诗相结合,提倡诗意地生活,他的思想自觉不自觉地与中国的老庄思想有相似相通之处,尽管二者间有时代性的区别。相信中国读者,无论是哲学圈子还是文学圈子里的人士,都会从这本集子中得到启示。

(6)孟轲的《孟子》

我十岁时,父亲就教我读《孟子》,并且要求我一篇一篇地背诵。我当时不知哲学为何物,我喜爱《孟子》,完全不在于孟子的哲学思想,而是喜欢他文章的矫健和气势。父亲在给我讲解《孟子》时,也特别着力在这方面引导我。孟子擅长辩论,语言有煽动性。《孟子·滕文公下》说:"予岂好辩哉?予不得已也!""不得已"而言,这样的言也就是出自肺腑之言,故有感情,能打动人心。自从念了大学哲学系以后,再回头读《孟子》,我深感《孟子》是一部深富哲理的散文杰作。我一辈子爱写说理文,注意文章的气势,文字的矫健和说服力,就是由于受了《孟子》的影响。

(7)《唐诗三百首》

清乾隆年间,孙洙(蘅塘退士)编选的《唐诗三百首》是在群众中广为流传的一部著名的唐诗选集,所选近八十位诗人的三百余首作品中,大多是脍炙人口、雅俗共赏之作。唐朝是我国诗歌发展的鼎盛时期,而这个选本则注意到了唐代各个时期、各种创作风格和各种流派作品的代表性,从多方面反映了唐代诗歌发展的全貌和成就。诗集中许多著名诗句如李白的"床前明月光"、孟郊的"慈母手中线"、孟浩然的"春眠不觉晓",等等,几乎许多老少妇孺皆能朗朗背诵。唐诗中的这些精品所留给后代中华儿女的艺术熏陶及其对人们精神境界的提高,是不可估量的。谚云:"熟读唐诗三百首,不会作诗也会吟。"我们不可能要求人人皆会吟诗,但不熟悉唐诗，则很难深入中华思想文化。蘅塘退士在他的原序中说他所选的这三百余首，"为家塾课本，俾童而习之，白首亦莫能废"。为了提高我中华民族的精神素质，我希望我们现在的儿童和青少年能尽可能多地背诵几首唐诗。

（8）曹雪芹的《红楼梦》

我喜爱《红楼梦》主要不在于它的社会历史方面的意义，也不在于黛玉、宝玉的爱情故事，而是在于作者刻画人物所运用的语言之美妙和这部小说所给人留下的品味人生的余韵。就拿作者为《红楼梦》里各种人物所拟写的诗词来说，真是一句句都写得诗如其人，每一点都和他们各自的个性、修养、境界十分贴切。什么人写什么样的诗，一看便知出于谁人之手。甚至像薛蟠所说的"女儿乐"，就其本身来看，肮脏粗鄙，但从曹雪芹之刻画人物、模拟形象来看，却是入木三分的成功之作。现在大家都在谈论"说不完的《红楼梦》"。我以为《红楼梦》之所以"说不完"，不在于它的社会历史背景说不完，也不完全在于它所塑造的典型人物说不完，更主要地是它对人生的品味具有永恒的魅力，《好了歌》就是一个很具体的例子。

（9）《古文观止》

《古文观止》是清人吴楚材、吴调侯选编的一部散文选集，上起周秦，下讫宋明，选辑文章共二百二十二篇，包括了选编者以前历代散文之精华。30年代初我念初中时，就知道这是初学作文的学生的重要课外读物。我父亲是中学语文教师，每个星期日都为我讲解一篇，并要求我在一小时以内能够背诵。我后来写文章，包括近二十年来不少关于西方现当代哲学的文章，之所以还能见出一些中国古典文学的根底，盖其得力于《古文观止》者多矣。我以为，一篇算得上好的中文文章，应该讲究一点文字的锤炼、文章的气势或韵味等，还应该体现一点中国古典文学的修养，不能满纸欧化和后现代语言，佶屈聱牙，尽管写的是中国字，却不大像是中文。在这方面，我劝告我们现在的青少年用现在的观点多选读和背诵一些《古文观止》中的文章，当然也包含《古文观止》所没有选辑到的古文。

(10) 冯友兰1949年前出版的《中国哲学史》

首先要强调的是，我这里所推荐的是1949年前出版的冯友兰的《中国哲学史》，而不是1949年后的诸多版本，因为我所喜爱的是前者而非后者。这部《中国哲学史》是中国近现代史上第一部把中国传统哲学放到世界特别是西方哲学思想发展的大视野中加以系统考察的哲学史著作，为中国哲学史的研究开辟了一条新航道、新方向，尽管其中的许多观点和结论已经过时。它虽是哲学史著作，但其理论性甚强，也可以算是一本哲学理论著作，对我们的理论思维很有启发意义。此书还继承和吸收了中国传统著作方式的特点，引证了大量原文，让初学者可以"直接与原来史料相接触"。我念大学时就喜爱冯友兰的这部《中国哲学史》，近一二十年来，我致力于现当代德国哲学与中国传统哲学相结合的研究，他的这本著作仍然是我经常翻阅的文献。

三、从哲学史家到哲学家

张世英的哲学生涯可以分为三个阶段。第一个阶段从中华人民共和国成立到 20 世纪 80 年代中期，研究重点是西方哲学史，特别是德国古典哲学、黑格尔哲学。第二个阶段从 80 年代中期到 90 年代中期，研究重点转向现当代西方哲学和中国古代哲学，致力于中西方哲学的比较与会通，并开始酝酿自己的哲学体系。第三个阶段从 90 年代中期到他 2020 年去世，其"万有相通"的"新哲学观"逐步走向成熟并得到不断完善。

（一）深耕黑格尔哲学

自西南联大与黑格尔结缘以后，张世英的学术重点多有变化，但他从来没有在严格的意义上离开过黑格尔。纵观他几十年的黑格尔哲学研究历程，可以看到这样几个鲜明的特点：第一，研究范围广泛。他对黑格尔哲学的几乎所有部分均有深入研究，并且均有相应的高水平研究成果问世。第二，研究视野开阔。前 30 年，他基本上是在西方哲学史特别是德国古典哲学的背景下研究黑格尔；后 30 年，他更多地是在现当代西方哲学和中西哲学比较的视野下审视黑格尔。第三，注重概念分析。由于受分析哲学和逻辑学大师金岳霖先生的亲传，张世英对黑格尔的解读总是逻辑严谨，条理清楚，语言流畅。最难能可贵的一点是，他每每能够让黑格尔"说"中国话，易于被中国人所接受和理解。第四，国内外影响巨大。可以毫不夸张地说，就其对黑格尔哲学研究的广度、深度、成果和影响而言，张世英是中国当代最杰出的黑格尔专家。

1. "文革"前的黑格尔研究

1949 年至 1979 年的 30 年间，黑格尔哲学在中国一度成了"显学"。这一时期，对黑格尔哲学的"官方定位"是：他的哲学体系是唯心的、保守的和反动的；他的辩证法有一定的"合理内核"，猜测到了事物本身的辩证法；他的辩证法的"合理内核"作为被"改造"的对象、他的唯心主义体系作为被"批判"的对象，从正反两方面构成了马克思主义哲学的理论来源。30 年间，中国哲学界对黑格尔哲学的研究基本上都是以上述"官方定位"为"指导思想"的。

（1）《论黑格尔的哲学》

张世英的第一本黑格尔哲学研究著作是《论黑格尔的哲学》。1955 年，他在《光明日报》发表了一篇长文，题目是《关于黑格尔辩证法的几个问题》。次年，由此文扩充而成的《论黑格尔的哲学》由上海人民出版社出版。他自己多次说过：这本书受当时"左"的教条主义影响，有不少过"左"的评论，甚至"思想观点大多过时"。但从学术史的角度看，这本全面介绍黑格尔哲学的"小书"仍然有下述几点历史意义。第一，在上述"官方定位"的框架下，对黑格尔的唯心主义哲学体系和辩证法的"合理内核"进行了初步的梳理，对黑格尔思辨辩证法与辩证唯物主义的关系进行了比较细致的分析和讨论。第二，对黑格尔哲学的若干重要原则和思想进行了初步的提炼和概括，比如，关

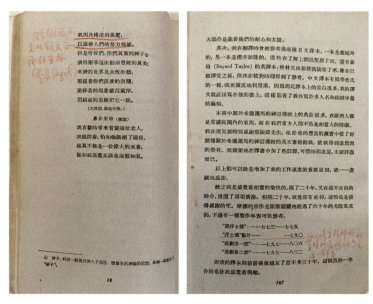

图 3-1　"文革"前读《浮士德》写的批语

于思维与存在同一的原则,关于本体论、逻辑学和认识论一致性的原则,关于认识是从抽象到具体的过程的思想等。第三,对黑格尔哲学各个部分即逻辑学、自然哲学和精神哲学的基本内容做了提纲挈领式的介绍。第四,产生了广泛的社会影响。该书中文版先后印行了20余万册,在当时是不多见的黑格尔哲学的入门书,甚至成了很多人的哲学"启蒙读物"。该书先后被译为法文(1978)和英文(2011)。

(2)《论黑格尔的逻辑学》

张世英研读过黑格尔的几乎所有重要著作,但用他自己的话说,他着力最多、最深的是黑格尔的逻辑学,包括《大逻辑》和《小逻辑》,研究成果是《论黑格尔的逻辑学》一书。《大逻辑》的量论部分涉及黑格尔的数学观点,为了准确理解黑格尔的思想,张世英在60年代初曾和中国科学院数学所的一位研究员一起讨论了几个月的时间。他们的

图 3-2 《论黑格尔的哲学》

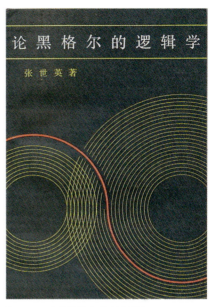

图 3-3 《论黑格尔的逻辑学》

图 3-4 《黑格尔关于辩证逻辑与形式逻辑的关系的理论》

图 3-5 《黑格尔〈精神现象学〉述评》

工作程序是：张世英把黑格尔的意思讲给对方听，对方则从现代数学的角度谈他对黑格尔数学观点的看法。《论黑格尔的逻辑学》初版于1959年，1964年第二版，1981年第三版，三版总计印数10万册。这本书被日本学者译成日文在日本出版，译者序言说："这是中国第一部系统研究黑格尔逻辑学的专著。"可以说，从60年代至今，《论黑格尔的逻辑学》一直是国人研究黑格尔逻辑学的重要参考书。

《论黑格尔的逻辑学》从总体上对黑格尔《逻辑学》的若干基本思想做了系统的提炼和梳理。第一，在对黑格尔哲学的定性上，张世英认为，一方面，黑格尔把精神"泛化"为事物乃至宇宙的本质，从而用客观唯心主义代替了主观唯心主义；另一方面，他的"逻辑在先"说和康德哲学一脉相承，都是先验唯心论。第二，黑格尔逻辑学的全部内容或唯一目标就是把握"具体概念"，即描述"概念"由抽象到具体、由简单到复杂的辩证发展过程。第三，对立面的同一和矛盾的思想不限于"本质论"，而是贯穿黑格尔的整个逻辑学，而且，矛盾是推动黑格尔逻辑学全部范畴转化的唯一动力和源泉。第四，黑格尔用同质的"精神"把意识和对象统一起来，提出了唯心主义的思维与存在同一说，从而彻底打通了逻辑学、认识论和本体论之间的壁垒。第五，强调"辩证的否定"的意义。肯定和否定是对立的统一，是可以相互转化的。"辩证的否定"不是"单纯的否定"，而是包含肯定于自身之中，即"否定之否定"。第六，突出了黑格尔概念的"圆圈"式发展的意义。黑格尔之前，居支配地位的是笛卡尔的线性论证模式：只要起点正确，论证过程严格，结论必然正确。黑格尔的"圆圈论"则表明：事实上，我们无法找到这样一个出发点和基础，一切都必须在体系中并通过体系获得自身的意义。

2."文革"后的黑格尔研究

"文革"结束以后,张世英"逐渐地从教条主义束缚下解放出来","踏上了返回自己思想家园的归途",正如北大外哲所杜小真教授所言,"古往今来,并非所有的智者都能如愿顺利'踏上归途'。真正地返回'归途'是有条件的:一是要有使'踏上归途'成为可能的外部宽松的环境,二是欲归者自身要有对过去进行反思的勇气,还要具备丰富的学识和睿智的洞见力。若没有这些条件,只能叹息'欲归不能'"[1]。此时的张世英显然具备了这些条件,于是,他的学术研究和写作进入了第二个时期。在前八九年的时间里,研究方向仍以德国哲学、黑格尔哲学为主,"但已经不是以'大批判'为旨归,而是纯正的学术性研究"。主要研究成果包括:《黑格尔〈小逻辑〉绎注》《论黑格尔的精神哲学》《康德的〈纯粹理性批判〉》《自我实现的历程——解读黑格尔的〈精神现象学〉》等。

(1)《黑格尔〈小逻辑〉绎注》

黑格尔的逻辑学无疑是晦涩难懂的。为了让更为广泛的读者走近黑格尔的逻辑学,张世英下了比《论黑格尔的逻辑学》更大的功夫,于1982年为读者呈现了《黑格尔〈小逻辑〉绎注》。这实际上是《论黑格尔的逻辑学》的姊妹篇,后者重在"论述",前者则重在"注解"。此书的特点是逐节讲解和注释《小逻辑》。讲解部分不求面面俱到,而是用通俗易懂的语言给出每一节的大意,尤重难点的解答。注释部分则采用两种方法:一是"以黑格尔注黑格尔",即把黑格尔在《小逻辑》以及所有其他著作中相关的论述和材料放在一起,以便读者能够相互参照。为此,张先生几乎翻遍了黑格尔的所有著作,可谓用心良苦。二是"以他人注黑格尔",即把当时所能找到的西方黑格尔专家的解读放在相应的段落下，使读者得以在更为广阔的视野和背景下理解黑格尔。张世英坦言，这是一本让他"下了一番死功夫的书"。

（2）《论黑格尔的精神哲学》

早在60年代中期以前，张世英就已经准备撰写《论黑格尔的精神哲学》，并为此做了大量的资料准备。后来爆发了"文化大革命"，这些资料只能无奈地躺在纸袋里。1986年，这本"拖延了20年的小书"由上海人民出版社出版，1995年台湾唐山出版社重印。张世英不止一次感恩"时间"，因为如果没有这种拖延，这本书"肯定是一堆'大批判'"。该书是中国学术界系统研究和论述黑格尔精神哲学的第一部专著。

《论黑格尔的精神哲学》对黑格尔精神哲学的三个部分即主观精神、客观精神和绝对精神依次进行了解读。张世英在书中提出的下面两个观点尤为重要。第一，精神哲学实即黑格尔的人学，而黑格尔所理解

图 3-6　《黑格尔〈小逻辑〉绎注》

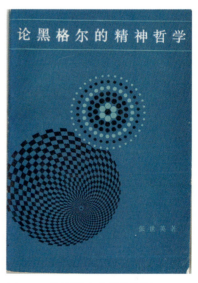

图 3-7　《论黑格尔的精神哲学》

图 3-8 《自我实现的历程》

图 3-9 《黑格尔哲学五讲》

图 3-10 《青年黑格尔的哲学思想》

图 3-11 贺麟翻译的黑格尔《小逻辑》节选本

的人的本质就是精神、自由或主体性。"《精神哲学》从'主观精神'到'客观精神'以至于'绝对精神',就是讲的人如何从一般动物的意识区分开来,达到人所特有的自我意识,达到精神、自由,以及精神、自由的发展史。"[2]

第二,强调"主观精神"在黑格尔哲学体系中的意义,认为不理解"主观精神",就不能真正理解黑格尔的逻辑学。在黑格尔的哲学体系中,逻辑学、自然哲学和精神哲学都以"理念"为对象:逻辑学研究的是自在自为的理念即"纯粹概念",自然哲学研究的是表现于自然界的理念,精神哲学研究的是由异在而返回到自身的理念。在本体论上,"纯粹概念"是"逻辑在先"的;但在认识论上,人们总是先有经验意识,然后形成"纯粹概念"。没有"主观精神"所提供的概念的"发生史",逻辑学的"纯粹概念"将永远是一个"阴影的王国"。

张世英强调:"二十年来的人世沧桑使我深深感到,哲学的中心课题应该是研究人,回避人的问题而言哲学,这种哲学必然是苍白无力的。我现在以为,能否认识这一点,是能否真正理解黑格尔思想的关键。"[3]

(3)《自我实现的历程——解读黑格尔〈精神现象学〉》

早在 1962 年,张世英就出版了《黑格尔〈精神现象学〉述评》。由于时代的原因,书的主基调仍然是批判黑格尔的唯心主义。80 年代中后期以后,他的研究重点已经不是德国古典哲学,而是现当代西方哲学。由于出版界的需要,他在 38 年以后又应约写了《自我实现的历程——解读黑格尔〈精神现象学〉》。新书"不仅在篇幅上比先前的《述评》扩大了两倍,而且在观点上和解释上都有大不同于过去的新见,主要是从西方现当代思潮最前沿的观点解读黑格尔"。而且,

图 3-12 1981 年 7 月参加中国社会科学院哲学研究所研究生毕业论文答辩会时合影（正中：贺麟；右三：王玖兴；左四：汝信；右二：张世英；左二：姚介厚）

这本《解读》和他过去论黑格尔的著作不同，它已经不完全是讲解黑格尔哲学的哲学史著作，而是融会了他自己对哲学的一些新思考和新观点。

张世英认为，《精神现象学》是一部关于人的"自我实现的历程"的书。"人的自我实现就是一个否定性的辩证过程，靠着这种否定性，人才能一步一步地冲破重重阻力，吞食各种对立面，不断地扩充自我，从而实现自我。黑格尔的《精神现象学》就是一部描述人为了实现自我、达到'主客同一'所必须通过的战斗历程的伟大著作。《精神现象学》的主要特点之一是强调自我实现的历程的漫长性、矛盾性与曲折性，其矛头所向是谢林的浪漫主义的直观哲学，不了解这一点就不能理解黑格尔的精神现象学。"[4]

张世英在该书和同时期的一系列文章中强调：一方面，黑格尔哲学是西方传统形而上学的顶峰，他的很多观点已经为现当代西方哲学家所超越；另一方面，现当代西方哲学的很多重要思想都可以在黑格尔那里找到预演。比如：黑格尔在《精神现象学》提出的"实体即主体"的观点，实际上已经表达了西方现当代哲学中主客融合的思想，甚至已经预示了现象学的基本口号——回到事情本身；又比如，《精神现象学》中"自我意识"环节所讲的"相互承认"的思想，已经内在地包含了"主体间性哲学"的思想。可以说，胡塞尔晚年的"交互主体性现象学"和哈贝马斯的"商谈伦理学"都是接着黑格尔讲的。所以，"不懂黑格尔哲学，就既不能理解西方古典哲学，也不能理解西方现当代哲学，它是通达西方整个哲学以至整个西方思想文化的一把钥匙"[5]。

张世英强调，我们既要继承黑格尔，又要超越黑格尔。对于当代中国社会来说，当务之急是重新学习黑格尔哲学，特别是他有关主体性和自由的思想。"中国当前需要继续沿着五四运动所开辟的道路，发扬科学和民主，与此相应的是在哲学上还需要继续召唤西方近代的主体性哲学。黑格尔哲学在中国并未过时，我们应该着重吸取其以主体性——自由为发展目标的基本精神。"[6]

冯天瑜曾任教于湖北大学，和张世英先生是故交。他在很多场合谈到过张先生和他说过的"看家书"一事。一次，冯天瑜向张先生请教读书经验，张先生说：一个有专业方向的读书人必须有"看家书"。冯天瑜问：何谓"看家书"？张先生回答：所谓"看家书"即是终身诵读之书，安身立命之书。冯天瑜又问什么是张先生的"看家书"，他脱口而出：黑格尔的《大逻辑》和《小逻辑》。张先生说：从西南联大时期开始，他就精读过这两部西方哲学经典，在以后几十年的时间里，仍然反复阅览不辍，而且，每次翻阅总有新的收获。

图 3-13　1982 年在长春讲授黑格尔哲学

图 3-14　中华全国外国哲学史学会《小逻辑》研读班合影（第二排左七起：蒋永福、葛力、韩树英、贺麟、张世英、朱德生、王树人，1982 年 10 月）

图 3-15　王浩先生

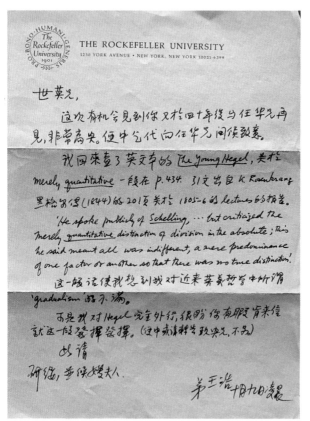

图 3-16　王浩的来信（两人是西南联大同学且同年同月同日生）

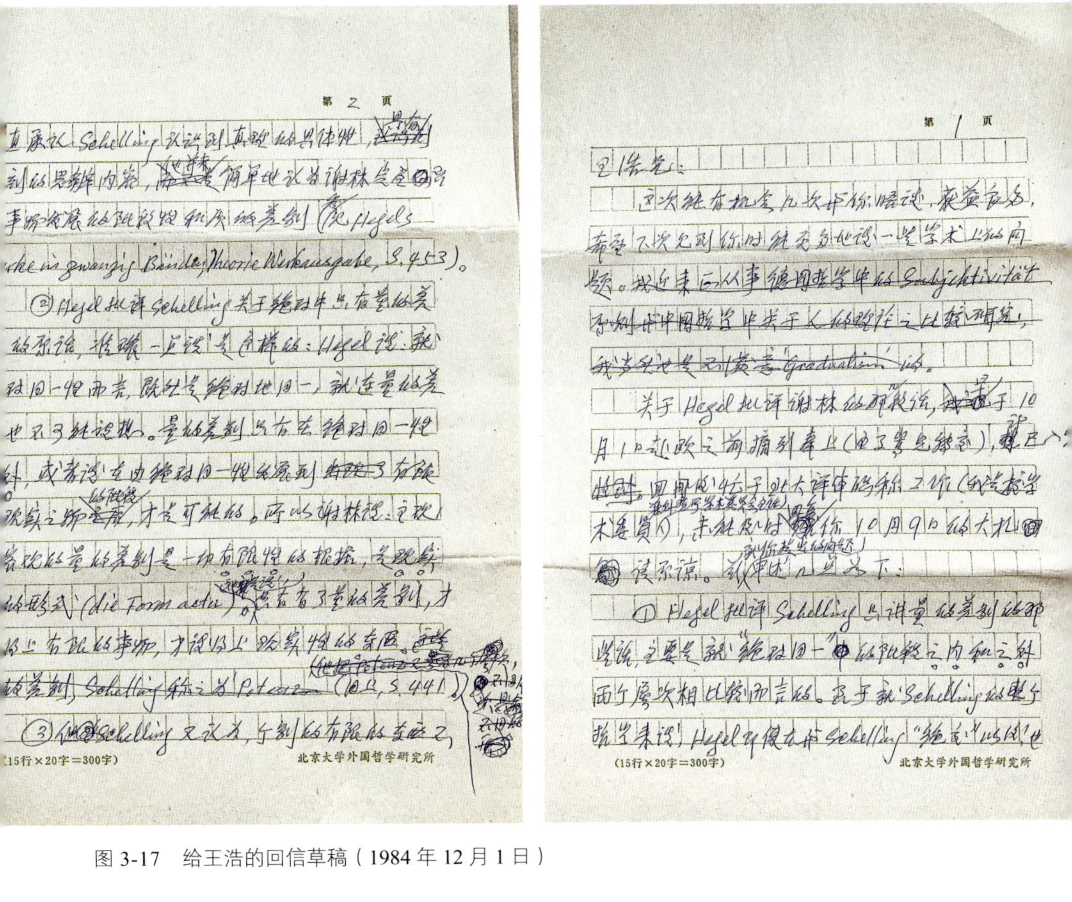

图 3-17 给王浩的回信草稿（1984 年 12 月 1 日）

图 3-18　讲授新黑格尔主义（1987 年 9 月 17 日）

（二）会通中西方哲学

从 20 世纪 80 年代中后期开始，张世英的哲学生涯发生了一次重大转折。转折的背景是：改革开放以后，中国哲学界开始讨论主体性问题。这场讨论引起了张世英的极大兴趣和疑惑，他开始重新思考什么是人、什么是世界以及人与世界的关系问题。于是，他的阅读和研究重点开始转向现当代西方哲学，特别是尼采、狄尔泰、海德格尔、伽达默尔、德里达和哈贝马斯等人的哲学。他越来越认识到，就精神实质而言，现当代西方哲学和中国传统哲学特别是道家和儒家哲学多有共鸣，于是，他也开始重温和研读中国传统哲学著作，并试图以中西哲学的结合为背景，回答下面两个重大问题：哲学何为？中国哲学向何处去？1995 年出版的《天人之际——中西哲学的困惑与选择》和 1999

年出版的《进入澄明之境——哲学的新方向》就是这一探索的成果。

1. 纵向超越与横向超越

如何构造世界,是哲学家面临的一个重要问题。要构造世界,就不能满足于"眼面前"的有限之物,而是要"看到""非眼面前的东西"。换言之,要构造世界,就需要有所"超越"。张世英借用美国哲学家萨利斯(John Sallis)的说法,把超越区分为两种:"纵向超越"和"横向超越"。"纵向超越"是西方传统哲学构造世界的方式,其特点是,从感性中个别的、变化着的、有差异的、表面现象的、具体的东西,追问到普遍的、不变的、同一的、本质性的、抽象的东西。柏拉图的"理念论"、基督教的"上帝"和黑格尔的"绝对理念",都属于"纵向超越"型的哲学。

图 3-19 《天人之际——中西哲学的困惑与选择》

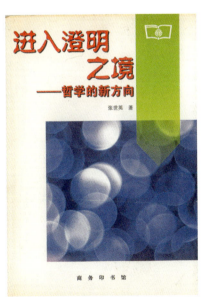

图 3-20 《进入澄明之境——哲学的新方向》

图 3-21 《西方哲学史》

图 3-22 《世界文化名人辞海》聘书

图 3-23 参加复旦大学哲学系《西方哲学史》(下册)审稿会(1983年6月)

三、从哲学史家到哲学家 | 117

图 3-24　参加中华外国哲学史首届会议后留影（1983 年 9 月）

图 3-25　出席"近代东西文化关系国际学术讨论会"期间与洪汉鼎（左）、王树人（右）合影（1991 年 12 月 16 日）

图 3-26 参加北京大学中国传统文化研究中心成立座谈会（前排由左至右：张世英、金克木、林庚、周祖谟、吴组缃、侯仁之、王永兴、冯钟芸、赵为民；中排由左至右：阴法鲁、周一良、李赋宁、林焘、汪家镠；后排由左至右：袁行霈、罗豪才、严文明、郝斌、吴树青、楼宇烈、何芳川、吴同瑞、程郁缀，1992年1月）

"横向超越"是黑格尔以后现当代西方哲学构造世界的方式。其特征是："哲学家们不满足于概念哲学追求形而上的本体世界，追求抽象的、永恒的本质，而要求回到具体的、变动不居的现实世界。但这种哲学思潮并不是主张停留于当前在场的东西之中，它也要求超越当前，只不过它不像旧的概念哲学那样主张超越到抽象的永恒的世界之中去，而是从当前在场的东西超越到其背后的未出场的东西，这未出场的东西也和当前在场的东西一样是现实的事物,而不是什么抽象的永恒的本质或概念,所以这种超越也可以说是从在场的现实事物超越到不在场的(或者说未出场的)现实事物。"[7]

在 1995 年出版的《天人之际》一书中,张世英认为,宋明以前的中国哲学也属于"纵向超越"的类型,从王阳明开始,则开启了"横向超越"的阶段。到了 2002 年出版《哲学导论》时,张世英则把整个中国传统哲学的"超越"叫作"横向超越"。"中国传统哲学所讲的'万物一体''天人合一'更明显地是讲任何一个当前出场的东西都是同其背后未出场的天地万物融合为一、息息相通的,从前者超越到后者不是超越到抽象的概念王国,而是超越到同样现实的事物中去。"[8]张世英把西方旧形而上学的"纵向超越"叫作"有底论",即把"理念"之类的东西作为事物的"根底";把西方现当代哲学和中国传统哲学的"横向超越"叫作"无底论",即把每一个事物都置于无限的世界整体之中,把在场的东西置于不在场的或未出场的无穷尽的网络之中。

2. 天人合一与主客二分

在张世英看来,中西方两种不同的"超越"方式,源于人与世界的两种不同关系:"主客二分"式和"天人合一"式。"天人合一"是人类文明早期共同的宇宙观或世界观。印度哲学是如此,中国哲学是如此,西方哲学也是如此。在西方哲学史上,柏拉图开启了"主客二分"思想的先河,这种思维模式在近代哲学中得以最终确立,并在黑格尔那里达到顶峰。"'主体—客体'的思维模式,其要旨就是认为主体(人)与客体(外部世界)原来是彼此外在的,人为主,世界万物为客,世界万物只不过处于被认识、被利用和被征服的对象的地位,人通过认识、利

图 3-27　参加中西印文化的融合及发展国际研讨会，与季羡林先生、汤一介先生等参会者合影（1993 年 10 月 23 日）

用和征服客体以达到主客的对立统一。"[9]

从积极意义上说，"主客二分"的思维模式极大地提升了人的主体性，促进了科学与民主。但其消极后果也是显而易见的，这就是人与自然乃至人与人的紧张关系。以海德格尔等人为代表的现当代西方哲学家试图超越"主客二分"式，恢复人与世界的源始关系。如此看来，"西方哲学史是从早期的主客不分思想到长期以主客二分为主导原则又到现当代反对主客二分的历史，也可以粗略地说是从天人合一到主客二分又到天人合一的发展史"[10]。

图 3-28　钱学森先生向自己的堂妹、中国人民大学钱学敏教授推荐张世英的文章（1994 年 9 月 25 日）

图 3-29　出席北京大学现代科学与哲学研究中心成立大会（前排右起：朱照宣、张岱年、张世英、赵光武，1996 年 11 月 15 日）

中国传统哲学的主导原则是"天人合一"。儒家和道家对"天"的理解有所不同，但就天人关系而言，两家都持"天人合一"观。张世英认为，在中国哲学家中，王阳明的"天人合一"说最为完备，不仅超越了程朱甚至超越了老庄。"从天人合一思想的发展史来看，王阳明在中国哲学史上所占的地位同海德格尔在西方哲学史上所占的地位颇有相似之处：我们也许可以说，王阳明是中国哲学史上天人合一说之集大成者，而海德格尔则是西方哲学史上天人合一思想之集大成者。"[11]

张世英注意到：中西两种天人合一说虽然"有重要的相似之处"，但它们处于不同的发展阶段。现当代西方哲学家倡导的"天人合一"，是经过"主客二分"阶段的产物，是对"主客二分"的扬弃，可以说是高级的"天人合一"。而中国传统哲学中的"天人合一"说虽然给中国人带来了高远的人生境界，但由于缺乏主客二分思想和主体性原则，一方面阻止了科学的发展，另一方面压制了人的个性。中华文化的复

图 3-30　出席"全国马克思主义哲学与现代西方哲学教学改革研讨会"时合影（左起：赵涛、黄枬森、张世英、王南湜，2001 年 4 月 19 日）

图 3-31　参加海峡两岸西方哲学东渐研讨会（2002 年 9 月 18 日）

兴，既不能固守传统中国文化原始的"天人合一"，又不能直接与西方的后现代哲学对接。对于当下的中国人来说，当务之急是补上西方哲学"主客二分"这一课，进而超越"主客二分"，进入高级的"天人合一"境界。

3. 独立型自我与互倚型自我

张世英在多部著作中讨论了中西文化中不同的自我观。在西方近代哲学中，随着"主客二分"模式的最终确立，独立的"自我"或"个体性自我"观念得以形成。在这个进程中，"自我"是从多个维度凸显出来的，而且西方哲学中"个体性自我"的成长是和"自由意识"的觉醒联系在一起的。

笛卡尔以其"我思"哲学,确立了一个不同于身体的、精神性的、实体性的自我;休谟以其彻底的经验论对笛卡尔实体性的自我观提出了批评,否定了在各种变化背后保持同一性的"自我"的存在;为了拯救"自我",康德提出了"先验统觉"说。先验统觉是在一切变化着的意识状态中保持不变的"恒常的我"。但这个"恒常的我"并不是笛卡尔所说的实体性存在。张世英强调,"康德着重论证自我不是实体,目的在于说明自我(I)的自由本质,因为如果把自我看成是实体,那就意味着自我是现象界的东西,是被决定的东西,因而也是不自由的。……康德在西方哲学史上为论证自我的非实体性和自由本质作出了历史性的贡献"[12]。但是,康德的"先验自我"是超验的,存在于彼岸世界。

西方哲学中"个体性自我"的观念在柏格森那里得到了更为彻底的表达。"柏格森所主张的'自我'(作为'绵延'、'真正的时间'的'自我'),完全摆脱了康德彼岸世界的阴影,这种自我、自由是彻底现实的、此岸性的。"[13]在柏格森看来,存在着两种自我:表层自我和深层自我。表层的自我比较接近于外界,保留了在空间中彼此外在的物体的种种印象。深层自我则把意识生活体验为一个互相渗透、互相融化的有机整体,一个绵绵不绝的流即"绵延",其中,每一状态都被所有其他状态的色调所渲染。深层自我的存在保证了人的自由。在他看来,一个行为越是能够代表自我,它就越是自由的,"自由是自我表现"。

和西方相比,中国人的"自我"觉醒之路漫长而曲折。孔子开启的儒家哲学是重"人"和"人生"的哲学,但正如张世英所说:"单纯重人的思想不等于就是重主体性原则,不等于达到以自我意识、主体性为原则的哲学水平。我们必须既意识到人,同时也意识到自然在人以外与我对立,从而也重视自然,这才算真正意识到自我,才算真正意识到

三、从哲学史家到哲学家 | 125

图 3-32 《康德的〈纯粹理性批判〉》

图 3-33 北京大学文化传承与创新研究院名誉院长聘书

图 3-34 出席"中西哲学视野中的现代性"研讨会（2003 年 2 月）

图 3-35 出席在人民大会堂举行的"康德'三大批判'新版出版座谈会暨纪念康德逝世200周年大会"（由左至右：张小平、杨祖陶、张世英、邓晓芒、汪子嵩、张伟珍，2004年2月26日）

人。"[14] 儒家重视的是"人"，而不是"自然"；而且，儒家重视的不是"个人"，而是"群体"。"离开了这种社会群体的关系，人就不成其为人。'克己复礼为仁'。'克己'就是抑制自我，'复礼'就是言行符合社会身份。人之为人不是源于自我的个体性、独立性，而是源于他体现了群体的共性。人要抑制自己的个体性、独特性，以符合群体的共性，才算是为人之根本'仁'。"[15]

与儒家不同，道家是重视"自然"的。但道家把"人"与"自然"的对立看作一种"非本真"态度，强调"本真"的态度是"同于道"。一方面，老子想把个体性自我从社会地位或群体关系中独立出来；另一方面，他又要求"人"与"道"或"自然"合一，"所以在《老子》五千言中几乎找不到把人之自我从'道'中突出出来的倾向与要求"。如此看来，中国传统哲学的主流，无论是儒家还是道家，均主"互倚型

三、从哲学史家到哲学家 | 127

图 3-36　在福建师范大学讲授德国哲学（2006 年 4 月 4 日）

图 3-37　"文化选择与文化发展：中西马高端对话"在北京大学百周年纪念讲堂多功能厅举行（2011 年 1 月 10 日）

图 3-38　在中华书局举办的《觉醒的历程——中华精神现象学大纲》和《张世英回忆录》新书发布会上发言（2013 年 12 月 24 日）

自我"或"属性化自我"，而轻"个体性自我"。

更为严重的是，当下中国人的自我仍然属于"互倚型自我"。张世英注意到，在学术界和思想界，人们往往更多地弘扬集体精神，而避谈或不谈个性解放。"谈集体攻关，可以气壮山河；谈个人创造，则人多嗫嚅。谈弘扬国学，则儒家至上，伦常为重；余皆次之，或不足道，大有独尊儒术之势。何以故？皆'属性化自我'淹没、掩盖'个体性自我'之流弊也。"[16] 一般大众的思想观念距独立的个体性自我尤为遥远。张世英的这个判断得到了当代心理学研究的支持。2007 年，心理学家朱滢教授出版了一部著作，名为《文化与自我》。他通过脑成像技术所做的心理学研究表明：当下中国人的自我仍然是"互倚型"，而西方人的自我则是"独立型"。

三、从哲学史家到哲学家

图 3-39　出席中国政法大学 2018 年首届"中国与文化"座谈会

图 3-40　与张岱年（左二）、侯仁之（右一）、龙协涛（左一）在《北京大学学报》40 周年庆祝会上

图 3-41 为北京大学心理与认知科学学院朱滢教授题字

（三）创立"万有相通"的哲学体系

"究天人之际，通古今之变，成一家之言"是张世英毕生的学术追求。早在 20 世纪 60 年代，他就曾经在当时的《新建设》杂志上发表过一篇文章，声称要立志搞一套类似黑格尔逻辑学的概念体系，然而不是唯心论的，而是唯物论的。30 多年以后，这个体系逐渐浮出水面，不过已经不是当年所设想的那种"在场形而上学"的抽象概念的体系，而是一个会通中西、打通古今的新哲学体系——万有相通的哲学。这个涵盖存在论、认识论、美学、伦理学和历史哲学的体系在《天人之际——中西哲学的困惑与选择》（1995）、《进入澄明之境——哲学的新方向》（1999）等著作中露出端倪，2002 年出版的《哲学导论》正式宣告了一个具有鲜明时代特色和中国气派的哲学体系的诞生。

1. "万有相通"的存在论

张世英的哲学体系是一个"新万物一体"论,即"万有相通的哲学",其核心思想是:万物不同而又相通。"万有相通的哲学"既继承了中国古代哲学中"万物一体"的思想传统,又融合了西方哲学特别是近代西方哲学中"主客二分"的思想传统,是继冯友兰先生整合儒道万物一体观的努力之后,进一步弘扬和发展中国古代万物一体思想的有益尝试。

"相同"与"相通"是两种不同的哲学追求。以"纵向超越"为特征的哲学,追求的是普遍性概念或抽象同一性,实即追求万物的"齐一性"或"相同性";以"横向超越"为特征的哲学,追求的则是现实的、不同的东西彼此之间的"相通性"。"万有相通"哲学的前提是:承认事物之间的差异性。人们固然可以通过抽象,在思维中撇开不同的东西,专注于相同的东西。但从存在论上讲,事物之间的差异性

 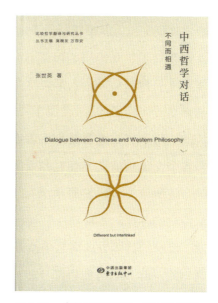

图 3-42 《万有相通:哲学与人生的追寻》　　图 3-43 《中西哲学对话:不同而相通》

是一种客观存在。当然，停留于事物的差异性，还是一种比较粗浅的认识。在张世英看来，哲学的最高任务，既不是认识事物的"相同性"，也不是认识事物的"相异性"，而是把握"不同者"的"相通性"。

私人语言论者或许认为，"不同"阻隔了"相通"。张世英认为，私人语言论者或私人感觉论者都忽略了这样一点："不同者"是可以"相通"的。他以"痛感"为例说明这个道理：我的痛感和你的痛感无疑不是完全相同的，但你的"痛"不但可以为我所"理解"，而且可以牵动我的"不忍之心"，从而在一定程度上引发我的"痛"，使我"感同身受"。他还以庄子与惠子关于"鱼乐"的辩论为例进一步说明了这个道理："子非鱼"和"子非我"都是客观事实，这是讲事物的差异性。实际上，"子"可以知"鱼之乐"，"子"也可以知"我"是否"知鱼之乐"，道理在于庄子与鱼之间、庄子与惠子之间，都是"不同而相通"。

"万有相通"的根据是：全宇宙或世界的唯一性。中国哲学不乏"万有相通"的传统，儒道两家均讲"天人相通"。但张世英认为，中国传统哲学对于万物如何一体相通，讲得都过于笼统。在他看来，天地万物都处于相互作用、相互影响、相互勾连之中，形成一个有机的整体。每一物包括每个人都是这个普遍联系之网的一个交叉点。这个交叉点是"非广延的"，类似于"几何学上的点"，但却是真实的而非虚构的。每个交叉点都是全宇宙或全世界的无限联系与作用的汇聚，不但各个交叉点彼此是相互联系的，诸交叉点与宇宙整体也是相互联系的，正所谓"牵一发而动全身"。万物普遍联系的"整体性"，并没有取消它们各自的"特殊性"，因为虽然它们都是同一个宇宙或世界的反映，反映的具体方式则是千差万别的。"这就足以说明部分能与整体相通，此一部分能与彼一部分相通，简言之，各不相同的东西都能彼此相通。"[17]

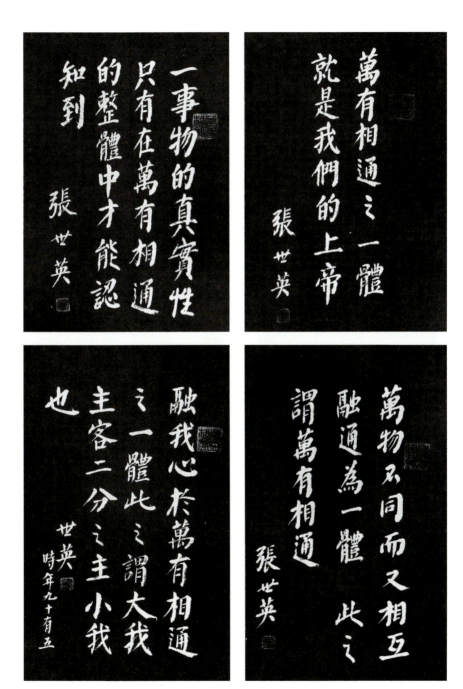

图 3-44　张世英手迹（1）

2. "万有相通"的认识论

既然哲学的最高任务是把握"万有相通"的宇宙整体,它就不能"以有限的观点看待事物",必须"以无限的观点看事物",必须把"在场的东西"和"不在场的东西"、"显现的东西"和"隐蔽的东西"结合在一起。这个任务显然不能通过(理性)"思维"来实现,因为(理性)"思维"只能把握"同一性""相同性"或"普遍性"。"想象"恰恰是这样一种"综合"能力:使本身不出场的东西出场,把在场的东西与无穷多不在场的东西综合为一个整体。"从存在论上来讲,世界万物无穷无尽,它们是一个无穷无尽的相互关联之网;从认识论上来讲,我们不可能同时知觉到无穷多的万事万物,不可能让万事万物都同时出场,但我们可以从任何一个当前在场的有限事物出发通过想象把无穷多未出场的东西甚至实际经验中从未出场的东西(包括实际世界中认为不可能出场或出现的东西)与在场的有限物综合为一体。"[18]

张世英经常以海德格尔对凡·高的《农鞋》的分析为例,说明"想象"如何能够把在场的东西与不在场的东西融合为一个整体。"农鞋"是一个"在场的"有限物,但人们完全可以从这个有限物出发,并以这个有限物为跳板,联想到农人无限丰富的生活世界:步履的艰辛,对面包的渴望,收获的喜悦,等等,就是说,"跳进宇宙无限关联的深渊中去"。"凡·高的画只是让我们想象到深藏于画面背后的无限关联而进入一种'万物一体'的境界之中,我们在这里因见到了无限的光辉而感受到美的喜悦。中国人所谓'神往',也许就是指这种对无限光辉的向往与欣羡之情。"[19]

在张世英看来,一部西方哲学史就是由重"思维"到重"想象"的历史。在柏拉图的"线喻"中,人的认识能力被分为四种,最高的是"理性",对应于"理念";最低的是"想象",对应于"影像"。这个认

图 3-45 《新哲学讲演录》

图 3-46 《中西文化与自我》

识能力的等级，完全是根据对象"在场"的程度来划分的："理念"是永恒的在场，所以与之相应的"理性"居于顶端；"影像"根本不在场，所以与之相对应的"想象"便是最低的。柏拉图开启了西方哲学中以"理性"压制"想象"的先河，取得了"哲学"对"诗"的胜利。康德首次突破了这个旧传统，揭示出想象力在认识和审美中的重要作用。现当代欧陆哲学大多强调"想象"的重要性，强调哲学与诗的联姻。在这一点上，现当代西方哲学无疑与中国传统哲学是"相通"的。

3. "万有相通"的伦理学

人生在世总要处理两种关系：人与人的关系和人与自然的关系。按照"万有相通的哲学"，不同群体、不同阶级、不同民族、不同语言的人都是"同根同源"的；人与自然、人与物、物与物也是"同根同源"的。这个"根"和"源"就是"万有相通"的宇宙整体。既然万物

"不同"而"相通",它们或他们就具有同样的本体论地位,无"高低贵贱"之分。就万物都是全宇宙的交叉点而言,一个人所在的交叉点并不比另一个人所在的交叉点高,统治者并不比百姓为高,于是有"民胞"之说。人类所体现的交叉点也并不比动物乃至草木瓦石所体现的交叉点高,于是有"物与"之说。"万有相通的哲学"是"民胞物与"说的本体论基础。

无论是"民胞"还是"物与",都不能否认他们或它们之间的差异性。万物在"本体论"上的平等地位,并不排斥它们在"价值论"上的差异性,"这种差异就在于人有自我意识和道德意识"。"所以,作为有自我意识的人应该首先以民胞物与的态度对待他人和他物。这不是施舍,而是一种责任感,是一种被要求的自我意识。"[20] "人应该尽量培育保护其他生命的意识,应该在不得已牺牲其他生命时抱有同类感和恻隐之心,从而采取尽量减少其他生命的痛苦的措施。"[21] 就此而言,"万有相通的哲学"不同于"人类中心论"。

正因为"处于一体的万物合乎自然地有自我意识和无自我意识、道德主体和非道德主体的价值高低之分",人才"有权利以人为主体和中心而利用自然物,包括人以外的有生命之物,以维持自己的生存",甚至"有独特的权利为了自己的生存而在不得已的情况下牺牲其他生命"。就此而言,"万有相通的哲学"并不简单地否定"人类中心论",毋宁说,它可以"包容人类中心的思想于其自身",将人类中心的思想降低为"万有相通"的宇宙整体的"一个构成环节"。

张世英强调,虽然人与自然一体相通,故而应当和谐相处,但"人与自然的和谐相处不是没有斗争"。"人们只要稍一放松与自然的斗争,自然就不但不会与人和谐相处,而且会反过来报复人。"[22] 和自然做斗争,不是"消灭自然界自身的规律",而是"服从和顺应自然的规律性

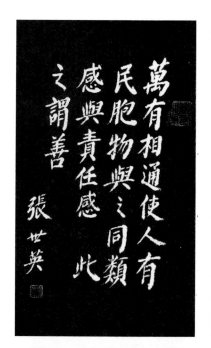
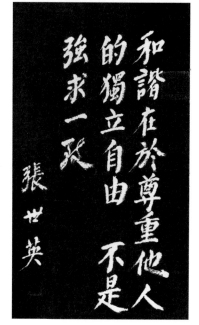

图 3-47 张世英手迹（2）

与必然性","在万物一体的思想指导下主动积极地肯定规律性和必然性",进而"改造自然物","使自然物适应人","从而达到一种超越必然性的自由"。[23]

和人与物的关系不同,人与人之间是"有心灵者与有心灵者之间的关系",他们可以通过相互理解而和谐相处。但"相互理解所取得的共识或相通相融并不取消每个个人的独特性"。"人与人要和谐相处,首要的是尊重他人的相异性和独特性,而不是消灭相异性,强求一致。……我们尤其不能把中国传统哲学所讲的和谐相处一味按封建统治者的立场解释成消灭相异性,我们应当学会在承认相异性、尊重相异性中求和谐。"[24] 这正是张世英的"新万物一体"说不同于传统中国哲学"万物一体"说的关键所在。

4. "万有相通"的历史观

按照"万有相通的哲学",过去、现在和未来也是相互联系、相互勾连,形成一个有机的整体,它们也是"不同"而又"相通"。宇宙整体既承载着过去,也孕育着现在和未来。严格说来,过去、现在、未来这三个时间段,实为人的抽象思维的产物,正如柏格森所言,真正的时间是"绵延"。作为"绵延"的"有机整体",时间是一个自我发展、自我展开的过程。一方面,宇宙整体是全部过去的承载者。另一方面,这个整体也孕育着现在和将来。"孕育的意思乃是说,形成现在和未来的东西的无穷因子或因素都已在过去潜存于宇宙整体中,这些因子或因素是一种自我酝酿、自我开展和自我发展的过程,所以现在的现实事物不可能不经过这样的长过程而一蹴即就地、具体而微地、现实地存在于过去。"[25] 既然宇宙整体是"至大无外"的和"无限的",在其运动过程中就不会有任何"外在作用"的加入;既然这个整体的运动是自我孕育、

图 3-48 《羁鸟恋旧林——张世英自选集》　　图 3-49 《境界与文化——成人之道》

自我展开和自我发展，它总会呈现出一些新的面貌和形态，容纳"新生的人和物以及事物"。正因如此，今天的人才有可能"参与"历史，与古人对话。

在张世英看来，历史或传统具有双重性。一方面，历史或传统总是包含着"过去的"一面，因而带有某种"刚性"或对"改变"的"抗拒"。这当然不是说一切过去的东西都可以进入历史或传统之中。只有在特定的"原初行动者"、"受动者"和"参照系"的互动中为特定群体所接受的东西，才能最终进入传统或历史。那些未能留下自己"痕迹"的东西，尽管也出现于"时间"中，却无法进入传统或历史。另一方面，历史或传统又总有其"未完成的"一面，因而带有某种"柔性"或对"改变"的"呼唤"。一个历史"文本"一旦产生，便意味着向同时代和未来的"读者"发出了"对话"的"邀请"。在这种持续不断的"对

图 3-50　《觉醒的历程》

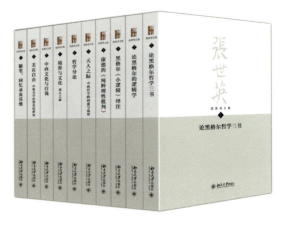

图 3-51　《张世英文集》

话"中,"文本"不断得到"诠释","文本"的"意义"随之得以"呈现"和"生成"。

如此看来,"传统逐步形成的过程,也是一个逐步远离原本的过程"。在这种"远离"中,"原本"并没有被"抛弃",而是不断焕发出新的生命力。"传统的形成和发展一般地说不是后面的东西抛弃前面的东西,而是随着'参照系'的发展、更新以及对传统的相应的新解释,不断地用新东西充实自己。传统之所以能成为传统并继续成为传统,就因为传统有从新的参照系中吸取营养、壮大自身,亦即对传统自身作新的解释的功能。"[26]张世英强调,对传统的解释并不是一件只面对"过去"的工作。"解释历史传统的根本要义就在于指向现在,使过去了的、已经确定了的东西生动起来,从而冲破旧的藩篱,开拓新的世界、新的未来。"[27]可以说,每一代人都是传统的解释者和传统的创造者。

四、从哲学家到美学家

在会通中西方哲学、构建自己"万有相通"的哲学体系的过程中，张世英的研究范围自然延伸到了美学领域。在其学术生涯的最后20年，他对中西方美学进行了持续而系统的研究，创立了集真善美为一体的"万有相通的美学"，大大拓展了传统美学的研究范围，在美学界产生了广泛的影响。这期间的研究成果集中体现在《进入澄明之境——哲学的新方向》（1999）、《哲学导论》（2002）、《境界与文化——成人之道》（2007）、《中西文化与自我》（2011）、《美在自由——中欧美学思想比较研究》（2012）等著作中。从2004年开始，他一直担任北京大学美学与美育研究中心学术委员会主任。

（一）人生境界说

张世英认为，"哲学是以提高人生境界为目标的学问，是提高人生境界之学"[1]。每一个人都是相互联系、相互作用、相互影响的网络中的一个"聚集点"。与其他的物不同，人这个"聚集点"是个"灵明"，亦即是有意识的，因而能够超越"在场的东西"，把"在场的东西"与"不在场的东西"联结为一个整体。这种"灵明"就构成了一个人的"境界"。"'境界'就是一个人的'灵明'所照亮了的、他所生活于其

图 4-1 《美在自由——中欧美学思想比较研究》

图 4-2 《张世英讲演录》

中的、有意义的世界。"[2] 人的境界有高低之分。张世英"按照人的自我的发展历程、实现人生价值和精神自由的高低程度",把人的生活境界分为四个层次。

最初的境界是"欲求境界"。这是一种主客未分、受制于生存必然性的境界,张世英把这种境界叫作"无我之境"。它是人之初自然落入的境界,是人生的起点和必经阶段,因为"食色,性也"。生活在此种境界的人,"既未脱动物状态,也就无自由之可言,更谈不上有什么人生意义和价值。婴儿如此,成人中精神境界低下者亦若是"[3]。

第二种境界是"求知境界",这是一种以"主客二分"为基础的境界,张世英把这种境界叫作"有我之境"。生活在此境界的人,有了自我意识,也有了"认识"外在必然性的要求,有了一种求实的精神。他强调,认识必然性不等于获得了自由,因为"认识"活动以主客彼此外

图 4-3　为读者签名（2004 年 9 月）

图 4-4　2011 年 11 月 23 日，在中国社科院哲学所做题为"怎样才能成为一个'审美的人'——自我实现的历程"的学术演讲，侯鸿勋教授为张世英先生书写"真善美"三个大字

在为前提,"主体受客体的限制乃是主客关系式的核心,因此,不自由便是主客关系式的必然特征"⁴。

第三种境界是"道德境界",这是一个同情和尊重"他人"的境界。初步的"道德意识"从"我们"推及"他人",产生对他人的"同情""关爱"或"怜悯",这是一种"俯视他人的态度";更高的"道德意识"则以独立的个体性自我为出发点,进而尊重他人的个体性自我,由此生出与他人的同类感和对他人的责任感,这是一种"平等待人的态度"。"道德境界"无疑提升了人的自由,但此种自由仍然是有局限性的,因为道德的观点是"应然的观点"或"要求的观点"。"应然"或"要求"总包含有某种"强制"之意,尽管这种强制是自愿的。

人生的最高境界是"审美境界",它既超越了"求知境界"的"认识"关系,达到了一种"主客融合""情景交融"的"意境",又超越

图 4-5　和闻一多先生三子、中央美术学院油画系主任闻立鹏教授在一起

图 4-6　和美学家叶朗教授（右一）、朱良志教授（左一）在一起

了"道德境界"中的"实践"关系，摆脱了"单纯应该"的"有限关系"，故而实现了人的真正自由。张世英把这种境界叫作"忘我之境"，进入这种境界的人才能获得完全的自由。审美意识的自由高于道德上的自由。

　　在现实的人生中，上述各种境界总是错综复杂地交织在一起的，尽管在每个人身上往往会有一种境界居主导地位，从而为那个人的"趣味"确定基调。从时间上说，上述四种境界是依次出现的，但一旦一个人进入了高一层的境界，这个新的境界非但不会取消原有的境界，反而会渗透到较低的境界之中，从而使较低的境界实现某种"升华"。比如，"道德境界"渗透到"求知境界"，会使科学活动具有道德意义。"审美境界"渗透到其余三种境界之中，会使那三种境界具有某种美感，比

图 4-7　张世英手迹（3）

如,"审美境界"渗透到"欲求境界",可以使人在欲求中获得美的享受,如在茶中品出诗意。

张世英"境界说"的一个突出特点是:他一方面强调"审美境界"才是人生的最高境界,才能使人获得最大程度的自由;另一方面又不否认其他三种人生境界在现实人生中的积极作用。一个"完全的人",一个活得通透圆满之人,是一个打通四种人生境界、自如地穿梭于四种人生境界之中的人。

从 1995 年出版的《天人之际》到 2002 年出版的《哲学导论》,张世英主要从个人修养的角度谈人生境界。在接下来的 5 年中,他集中思考个人的人生境界与一个民族的文化的关系问题,并于 2007 年出版了《境界与文化》,把人生境界问题放在科学、道德、文学、艺术、宗教、哲学等更大的文化背景下加以审视。对应于个人的精神境界,他把"文化"看作一个社会、一个民族的精神境界。不同民族、不同时代的文化,其中占主导地位的境界也各不相同。有的民族和时代的文化以"求实境界"占主导地位,有的民族和时代的文化以"道德境界"或"审美境界"占主导地位。一个民族的文化是由它所属成员的个人境界构成的;个人的精神境界又是在他所属的民族文化环境中形成的。但他强调,"对个人境界的高低层次之分,并不等于就是判定一个民族的文化高低之分,其间既有一定的联系,又有很大的区别"[5]。

(二)"美在自由"与"美感的神圣性"

张世英认为,人的精神的发展可以区分为三个阶段:原始的"天人合一"阶段、"主客二分"阶段和高级的"天人合一"阶段。高级的"天人合一"阶段以原始的"天人合一"和"主客二分"为基础，又是对前两个阶段的超越。张世英"万有相通的美学"所追求的就是高级的"天人合一"境界，它以中国传统美学的"意象说"和"隐秀说"为基础，吸收了现当代西方美学特别是海德格尔的"显隐说"和列维纳斯的"他者的美学"。

按照"万有相通的美学"，"任何一件美的作品都是全宇宙网络整体中的一个交叉点"，也就是一个"在场的东西"，它的"母源"是其背后无穷尽的网络整体，亦即"不在场的东西"。欣赏一件艺术品的过程，就是把凝聚在该"在场的东西"中无尽的内涵即"不在场的东西"展现在想象中，就是"回归到形成作品的母源"的过程。"从母源中，我们对作品获得了一种'原来如此'的醒悟，从而产生了一种满足感。"[6]

审美意识具有直觉性、创造性、愉悦性和超功利性，所有这些"都离不开对主客关系式或认识的超越"。审美意识的核心就在于"超越"，"只有超越，才有真正的自由"。以"悲痛"为例，"原始感性的直觉认识中的悲痛、流泪是一种限制，一种不自由，但因一首诗、一曲戏的感动而流泪、而悲恸，则是一种自由的享受，关键在于审美意识中的悲恸、流泪是原始感性直觉中的悲痛、流泪的超越，我们平常称之为'升华'"[7]。又比如，利害的计较往往给人以烦恼和痛苦，原因也在于主客二分式给人造成的限制。如能做到不"以物累形"，不"以心为形役"，人就有了自由，这里的关键也是"超越"，也就是平常说的"超脱"。

对主客关系的超越，就是对有限性的超越。"按主客关系的模式看待周围事物，则事物都是有限的，一事物之外尚有别事物与之相对，我（主体）之外尚有物（客体）与之相对。……可是在审美意识中，在天

图 4-8 出席"美感的神圣性"美学沙龙,与杨振宁先生、马凯先生、杜维明先生、叶朗先生等与会者合影(2014年)

人合一中,一切有限性都已经被超越了,万物一体,物我一体。"[8] "这种感受是人的生命的激荡,人因这种激荡,特别是这种激荡得到适当形式的表现和抒发而获得一种精神上的满足感,这种满足感就是所谓'美的享受'。"[9]

通过审美活动不断超越有限性的过程,也是自由意识逐步提高的过程。最低层次的美是"声色之美",或曰"感性美"。对"感性美"的欣赏超越了人生最低级的欲望,在一定程度上体现了人的自由。但感性形式总是个别的和有限的，而"人性的自由本质总是趋向于超越有限，向往无限"。美的第二个层次是"理性美"。"理性美"就是在有限的感性形式中体现（无限的）理性概念，黑格尔关于"美是理念的感性显现"的思想，是"理性美"的最好表达。对"理性美"的欣赏，超越了"感性美"的有限性，在更高的层次上实现了人的自由。"理性美"也有自身的局限。理性的特征之一是"界定"或"划界"，这就意味着对"万有相通"的宇宙整体的某种"破坏"。所以，"只在理性概念中讨生活的人并非最自由的人，也非达到了美之极致"[10]。美的最高层次是"超理性之美"。"超理性之美"超越了"感性美"和"理性美"并把二者结合在自身之内。它"通过感性的东西和理性的东西，进而达到一种对万有相通（相互联系、相互隶属）的整体或者说对万物一体的领悟"[11]。"万有相通的美学"所讲的就是这种"超理性之美"。

"万有相通"的宇宙整体是真、善、美的统一。"就一事物之真实面貌只有在'万物一体'之中（在无穷的'相互联系、相互影响、相互作用'之中）才能认识（知）到而言，它是真；就'万物一体'使人有'民吾同胞，物吾与也'的同类感和责任感（意）而言，它是善；就'万物一体'使人能通过当前'在场的东西'（例如通过建筑、雕刻、绘画、音乐、诗的语言等）而显现出隐蔽在背后的东西（例如'情在词外'之'情'、'意在言外'之'意'），从而使鉴赏者在想象的空间中纵横驰骋、玩味无穷而言，它是美。"[12] 审美境界的极致是"崇高之美"，即对"万有相通"之"一体"的一种崇敬感，张世英把这种情感称为"无神论的宗教感情"。这就是张世英所说的"美感的神圣性"。

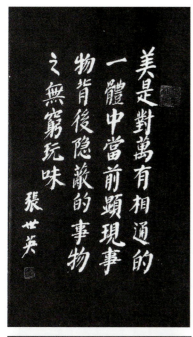

图 4-9 张世英手迹（4）

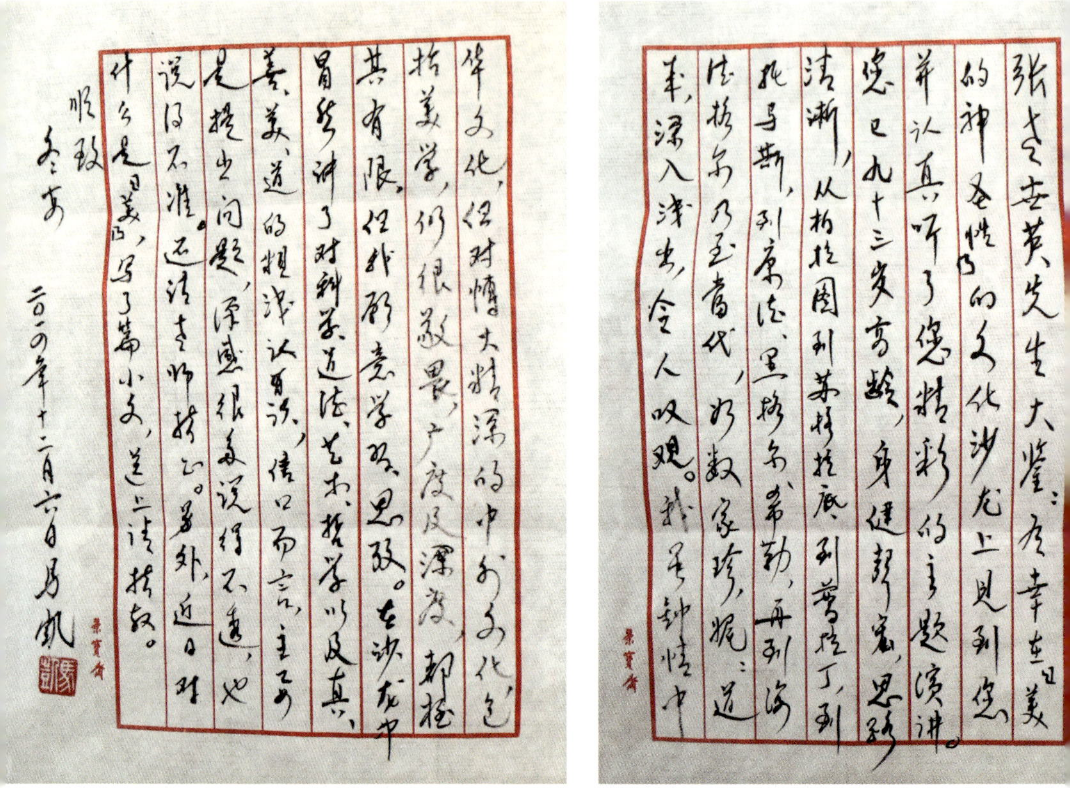

图 4-10　国务院原副总理马凯先生写给张世英先生的信

（三）审美启蒙论

在"万有相通的美学"中，一个重要内容是"审美启蒙论"。"审美启蒙"包含两个层面的内容：在个人人生境界层面，它强调通过审美回归人的精神家园；在中华文明演进的层面，它强调通过审美意识的提升推动中国的科学与民主进程。

1. 通过审美意识回归人的精神家园

"人和其他任何事物一样，原本植根于隐蔽的无穷尽性之中而与之合一，这合一的整体就是人生的家园。"[13]自从有了自我意识，人便生活于"主客二分"的世界，过多地执着于当前在场的东西，不仅区分"我"与"它"，而且在事物之间区分"此"与"彼"，从而"遗忘了隐蔽的东西"，"失去了万物一体的庇护，失去了家园"。"即使偶尔记忆起来，也只是把它当作'异乡'。"在当今市场经济的环境下，人更有"陷入功利而不能自拔"的危险。面对这种"无家可归"的局面，张世英呼吁一种"对整体和家园的思慕"，但这种思慕绝不是"要回到主客关系以前的原始状态"，绝不是要人"脱离物欲功利而过着禁欲主义的生活"，而是"要在艺术中超越主客关系，以回到人生的家园"。

张世英强调，"人生天地之间，既要脚踏实地，又爱仰望天空，天和地就这样困惑着我们，但正是这种困惑孕育着有希望、有充实内容、有丰富意义的人生。……人生的最高意义和价值既不在天，也不在地，而在天地之间，套用中国的'即世间而出世间'这句老话，就可以说是'即功利而超功利'"[14]。要做到这一点，就需要"有敢于面对物欲功利而又能从物欲功利中超脱出来的勇气、胸怀与气魄"。用张世英经常爱说的两句话说就是："心游天地外，意在有无间。"

图 4-11 《北窗呓语》

张世英坦言,"心游天地外""不是一件易事,不是人人都能做到的,也不是经常能做到的。人们在日常生活中习惯于按主客关系式看待周围事物,所以要想超越主客关系,达到审美意识的天人合一,就需要修养。这里的修养就是美的教育。美的教育不是教人知识,而是教人体验生活,体验人生的意义和价值,锻炼在直观中把握整体的能力,培养超凡脱俗的高尚气质等等"[15]。"人只要多一分这方面的修养和境界,他也就能多领略一分人生的意义和价值,多一分心灵上的自由与安宁,也为熙熙攘攘的市场人群多吹来一点清凉幽香之气。"[16]

2. 通过审美启蒙走向科学启蒙和民主启蒙

张世英注意到,在中国文化和西方文化发展史上,科学与民主似乎呈现出生死与共的关系,"一有俱有,一无俱无"。近代西方思维方式以"主客二分"为特征,"主体与客体(人与人或人与物)是彼此外在的关系,人对人或人对物具有独立自主性。前者的独立自主性是民主的根源,后者的独立自主性是科学的根源。15—16世纪文艺复兴时期的两大发现,一是发现了自然,一是发现了人。前者表现了人对自然的独立自主性,从而催生科学;后者表现了人对人的独立自主性,从而催生民主。17—18世纪的启蒙运动是文艺复兴的继续和发展,科学上的辉

图 4-12　1998 年 4 月 28 日《北窗呓语》首发式在北京大学举行（左起：王树人、李连科、严平、张世英、张中行、张岱年、薛德震、龚育之）

图 4-13　参观北京 798 艺术区（2008 年 9 月 13 日）

煌成就和民主革命的兴起构成启蒙运动的两大特色"[17]。如此看来,"欧洲近代史似乎是一个民主与科学两者一有俱有的历史"。

中国传统社会的思维方式以(原始的)"天人合一"为主导,既不强调人与人之间的区分,也不强调人与物之间的区分,天地万物皆处于模糊的浑然一体状态。道家固然重"自然",但它不是使人与"自然"相分,进而认识自然,而是使人顺应自然,合乎自然,湮没于自然,它的理想人格是"无己",所以,道家无法产生科学。儒家的兴趣不在"自然",而在"人",但它眼中的"人"不是"个人",而是"群体",其要旨是把人湮没在等级制的社会群体里,它的理想人格也是"无我",所以,儒家也无法产生现代民主。如此看来,"中国古代史似乎是一个民主与科学两者一无俱无的历史"。五四运动提出了"民主"与"科学"两大口号,是中国近代史上一次难得的启蒙运动。但由于种种原因,中国的启蒙之路曲折而艰难,启蒙的任务远未完成。

张世英思考的一个问题是:为什么"科学启蒙"与"民主启蒙"如此"生死与共"?他得到的答案是:科学与民主有着共同的"基因",这就是"自由"。"科学"源于"惊异",而"惊异"的特点"就是一种不受实际兴趣或者说利害关系之束缚的自由精神"。科学的这种"自由精神,与反对盲从权威、反对唯一至尊、反对独裁专制的民主精神,是必然有机地联系在一起的"[18]。正因为近代西方自由意识的觉醒,才有了科学和民主的昌盛;正因为传统中国社会自由意识受到压制,才导致了科学不兴,民主意识淡漠。

"惊异"不仅是科学之源,也是审美之源。张世英认为,"惊异"有两个层次。第一个层次的"惊异"产生于婴儿从混沌未分状态到能区分主客的"过渡时刻":这时的人"发现"了一个神奇的"外部世界",因而引发了一种素朴的"诗兴",在此意义上,"人天生就是诗人"。在

图 4-14　出席在中国美术馆举行的"美伴人生——杨辛书法展(从右至左:杨辛、魏新、张世英、范迪安、袁行霈、廖静文、汤一介、钱绍武、吴志攀、杨河,2010年12月7日)

图 4-15　在"美伴人生——杨辛书法展"上和杨辛先生(左二)、钱绍武先生(左三)等亲切交谈(2010年12月7日)

图 4-16　青年书法家杨晨（右）书庞井君（左）赠张先生小诗。先生高兴地说："还把我和我夫人彭兰的名字都嵌进去了！"

图 4-17　与中国评论家协会副主席兼秘书长、中国文联理论研究室主任庞井君畅谈中国文艺评论发展（2018 年 2 月）

此之前"主客未分"的"混沌状态"和在此之后"主客二分"的"清醒状态",都不会自动引发"诗兴"或审美意识。第二个层次的"惊异"产生于超越主客二分、达到高级的"天人合一"的时刻:这时的人"创造"了一个更为神奇的"万有相通"的世界,因而从"天生的诗人"提升到了"真正的诗人"。

鉴于"自由"对于"科学"与"民主"的极端重要性,鉴于"审美意识"的精神就是"自由",张世英先生提出了在中华大地通过审美启蒙走向科学启蒙和民主启蒙的"愿景"。在他看来,虽然中国传统社会缺乏西方近代意义上的个人自由,但中国人特别是中国文人每每能够在"吟诗诵词"中伸张个性,追求精神自由。"中国是诗的国度,人文精神辉煌灿烂,屈原、司马迁、陶渊明、李白、杜甫、李贽以及曹雪芹、鲁

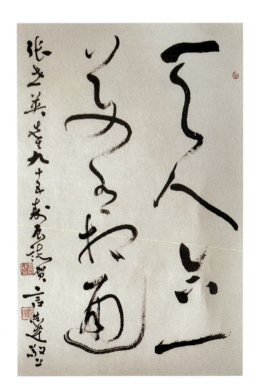

图4-18 中国书法家协会副主席言恭达先生手书"天人合一 万有相通",贺张先生95岁寿诞

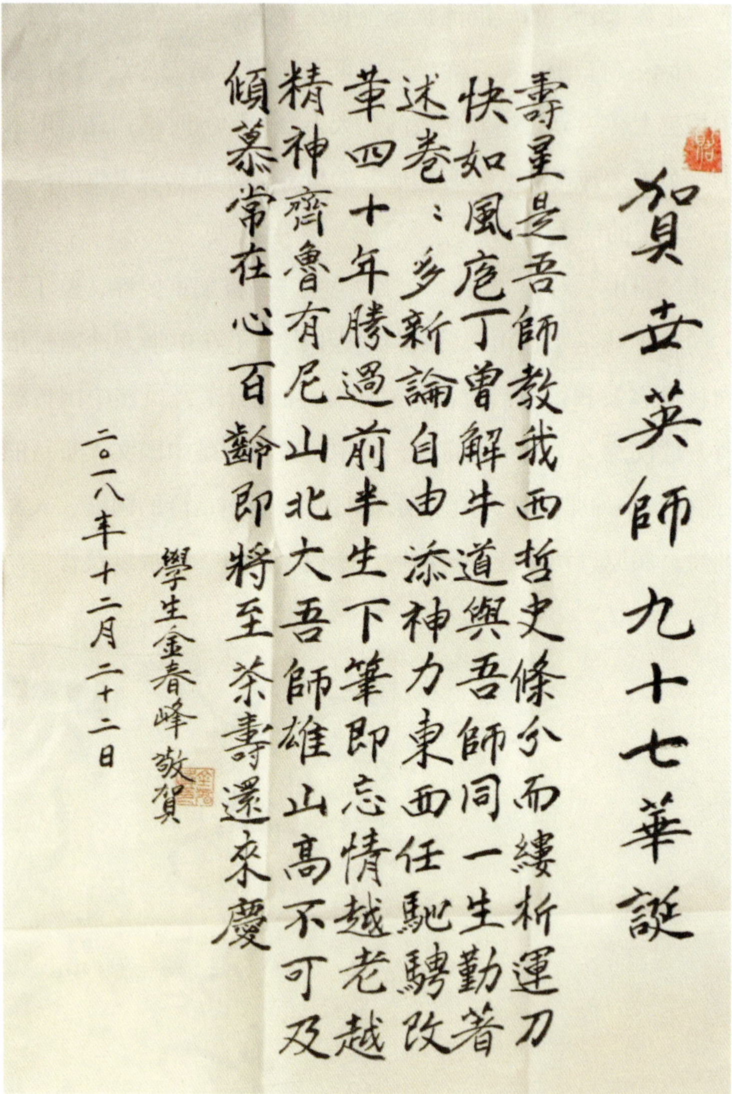

賀世英師九十七華誕

壽星是吾師教我西哲史條分而縷析運刀快如風庖丁曾解牛道與吾師同一生勤著述卷；多新論自由添神力東西任馳騁改革四十年勝過前半生下筆即志情越老越精神齊魯有尼山北大吾師雄山高不可及傾慕常在心百齡即將至茶壽還來慶

二〇一八年十二月二十二日　學生金春峰敬賀

图 4-19　2018 年 12 月 22 日，中国文化书院戊戌雅聚暨导师祝寿宴在北京友谊宾馆隆重举行。60 年代毕业于北大哲学系的金春峰教授献上饱含深情的书法作品，恭贺张先生 97 岁华诞

迅等人,他们的作品无不热情洋溢,发人深思,其所追求的都是一种精神境界之美、心灵之美。"[19] 张世英把这些"追求个性之士人"称作中华民族的"灵魂",认为"我们首先应当继承和弘扬的就是这条线索上的传统文化",在此基础上,吸收西方文化传统中的"主体性"精神,亦即自我的独立自主精神。"审美、美学,不应停留在传统的眼光中,似乎一提到美,就不过是休闲的度假胜地,不过是不食人间烟火的世外桃源。美学的未来走向、美学家的使命,应以推动启蒙为己任。"[20]

五、从作者到编者

（一）主编《光明日报·哲学》专刊

作为以知识分子为主要读者对象的思想文化大报，《光明日报》在创刊伊始就陆续创办了一系列学术性专刊，包括《经济周刊》《民间文艺》《历史教学》《史学》《文学遗产》《哲学》《经济学》等。报社本着"专家办报"的原则，邀请社外相关领域的专家学者组成编辑委员会，负责专刊的编辑工作。《哲学》专刊创立于1954年，刊头由艾思奇先生题写，发刊辞由潘梓年先生撰稿。这是当时全国唯一的哲学报刊，在学界影响较大。编委会由北京大学哲学系、中国科学院哲学研究所、中国人民大学哲学系和中央高级党校哲学教研室的部分教师组成，金岳霖先生和郑昕先生先后任编委会主任。1954年至1958年，实际的编辑工作由黄枬森主持，张世英负责西方哲学方面的审稿。1958年底至1966年，张世英全面负责实际的编辑工作。虽然这份工作是"兼职"，但张世英每周有两个整天的时间用于专刊的编辑工作。这个专刊不仅是当时学术争鸣的阵地，在一定意义上也成了哲学家的成长基地。张世英曾经说过："现在的不少哲学专家，他们的研究工作最初是从《哲学》专刊这块园地上起步的，他们的科研能力最初是在《哲学》专刊上受到锻炼的，他们的第一篇名作也是在《哲学》专刊上问世的。"[1]

在当时的政治环境下，主持这个高度敏感性的专刊，无疑要冒一定的政治风险。虽然张世英在审稿过程中力求坚持学术标准，可是，当时的学术标准与政治标准往往多有纠缠。1964年，中央高级党校哲学教研室的年轻教员艾恒武、林青山合写了一篇文章，题目是《"一分为二"与"合二而一"——学习毛主席唯物辩证法思想的体会》。文章受

图 5-1　主持《光明日报·哲学》专刊期间的照片

杨献珍的启发，认为"一分为二"和"合二而一"都可以作为对立统一规律的中国式表述。张世英觉得文章有学术水平，便签发了"可用"字样，文章于1964年5月29日在《哲学》专刊发表。当时的中央文教小组副组长、理论组组长康生看到该文后，认为"合二而一"与"一分为二"是对立的，并通过江青把刊有这篇文章的《光明日报》呈送给毛泽东。

毛泽东认为，"一分为二"是辩证法，"合二而一"则是修正主义，是阶级调和论。一场关于"合二而一"问题的大论战由此展开，开始还是一场学术争论，但不久就转为政治批判。此后，在康生的指示下，这方面的稿件便不再送到张世英手里，而是直接交中宣部。一时间，中宣部成了《哲学》专刊关于"合二而一"问题的编辑部。"文革"期间，张世英就这个问题遭到盘问，写过交代检查。若干年之后，读到"黑格

尔主编《班堡报》期间，虽谨慎从事，仍屡遭追查，终因失望而辞职的这一段情节时，不禁浮想联翩，感慨万端"²。

《哲学》专刊的编辑经历，使张世英"学会了从作者、读者和编辑多角度看问题的方式和方法"，对他以后的哲学专业写作大有助益。他觉得应该引以为憾的是，"在那个时代，熟悉西方现代哲学思潮的人因为是'旧社会出身'而不敢写或不愿写，而'新社会培养的知识分子'又对西方完全隔膜，这就很自然地造成了当年《哲学》专刊上缺乏认真研究西方现代哲学思潮的空白现象，更谈不上结合西方思潮谈个人人生哲学的文章"。特别是，《哲学》专刊以马列主义作为衡量文章学术水平的标准，往往"以偏概全，以政治压制学术，必然使哲学走上一条自我封闭的道路"³。

2019年，《光明日报》迎来了70岁生日。《光明日报》全媒体启动了"70年70人"系列微视频拍摄，采访了科技人文领域数十位泰斗。作为《光明日报》的老朋友，98岁的张世英先生通过视频发去"寄语"："1954年3月《光明日报·哲学》专刊创刊，

图 5-2 为《光明日报》题字（2010年5月4日）

1958年底至1966年,我曾兼任《哲学》专刊的主编。当时只有《光明日报》有《哲学》专刊,其他报纸都没有。我乐在其中,倍感光荣。我在《光明日报》上发表了《从西方哲学史谈思维与存在的同一性问题》《关于黑格尔辩证法的几个问题》等文章。从新中国成立第一天起我就看《光明日报》,一直到现在。因为现在的报纸中,《光明日报》的内容很适合我。"[4]

(二)主编《德国哲学》和《中西哲学与文化》

1.《德国哲学》

1985年,应时任湖北大学校长徐章煌教授之约,张世英创建了湖北大学哲学研究所,同时创办了《德国哲学》丛刊并任主编,贺麟先生、洪谦先生和熊伟先生任顾问。这是我国历史上第一个以德国哲学为主题的专业辑刊。为了体现杂志的国际性,张世英聘请了若干国际著名的德国哲学研究专家担任编委,包括国际康德学会主席格·冯克(G. Funke)教授、巴伐利亚科学院《费希特全集》主编劳特(R. Lauth)教授、德国哲学协会主席施奈德巴赫(H. Schnaedelbach)教授、瑞士卢塞恩神学院哲学研究所所长格洛伊(K. Gloy)教授、图宾根大学哲学系哈特曼(K. Hartmann)教授、波恩大学哲学系主任格哈特·施密特(G. Schmidt)教授等。国内编委囊括了当时德国哲学领域的多位著名学者,包括:王玖兴、杨祖陶、苗力田、朱德生、陈启伟、钟宇人、侯鸿勋、蒋永福、王树人、杨寿堪、李先焜、李毓章、梁志学、洪汉鼎等。

图 5-3 《德国哲学》

张世英在"发刊辞"中写道:"德国是一个富于哲学思辨的国度,又是马克思主义的故乡,研究德国哲学对于推动整个哲学和马克思主义哲学的发展,无疑会起积极的作用。我们希望本刊多少能在这一方面尽自己的一点绵薄之力。"他强调:"本刊是一个学术性刊物,我们要求在这里发表的文章都是有内容、有根据,确实经过一番研究的、言之成理的作品;对作者的观点则不强求一律。我们更不能干涉大家发表学术见解的自由,我们主张在相互讨论和争论中,在认真的思考中,让真理自己显示自己。"[5]

在当时的环境下,这份刊物无异于德国哲学研究领域的一面旗帜,国内从事外国哲学特别是德国哲学研究的专家学者几乎都曾在《德国哲学》发表过论文。《德国哲学》也为一大批从事德国哲学和西方哲学研究的学术新秀提供了发表学术成果的窗口，很多青年学者的处女作都是在《德国哲学》发表的。杂志除发表国内专家学者的文章外，还刊登国外学者用德语和英语发表的论文。在相当长的时间里，这是中外德国哲学同行交流的一个重要平台。

鲜为人知的是，当时办这样一份辑刊是非常困难的。因为哲学不是热门学科，辑刊的发行量有限，开始时甚至只能赠阅，编辑部面临巨大的经济压力。张世英为此付出了大量的心血，多方寻求资助，湖北大学哲学研究所也在办学经费极为紧张的情况下，为辑刊的出版做出了最大努力。由于一些原因，《德国哲学》于2001年休刊。2007年，湖北大学哲学学院将《德国哲学》复刊。今天，这份刊物几度易名，几度更换出版社，几度更换编委会成员，但它的"血脉"还在，真是令人欣慰！

2016年11月17日，第15个世界哲学日，"德国哲学：文本与现实暨《德国哲学》创刊30周年"学术研讨会在湖北大学举行。96岁高龄的张世英先生发去贺词，表达了对《德国哲学》辑刊、对湖北大学哲学学科的美好祝福和殷切期许。张世英逝世后，《德国哲学》继任主编邓晓芒教授在给北大哲学系发来的唁电中写道："我2007年接手任《德国哲学》主编，聘请先生为杂志第一位顾问，直到今年刚刚出来的2019年（上）卷仍然如此。我每次编写杂志的'卷首语'时都有个感觉，觉得这个刊物是一个象征，它灌注了中国的西方哲学研究两代学人的心血，并且一定会将这一血脉一代一代传递下去。现在，张先生历经一个世纪的思想拼搏，功德圆满地离开了我们。如何能够接好这一棒，并且将张先生毕生献身于哲学的精神发扬光大，是我们身上肩负的责任。"[6]

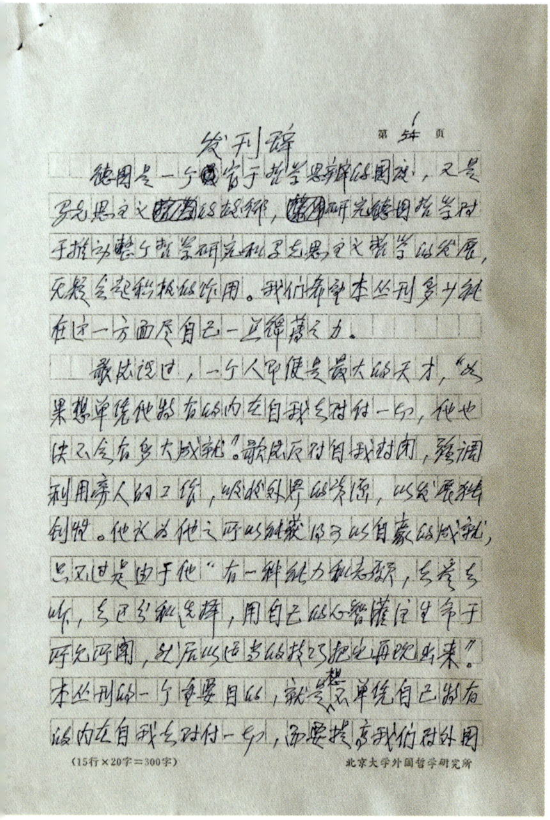

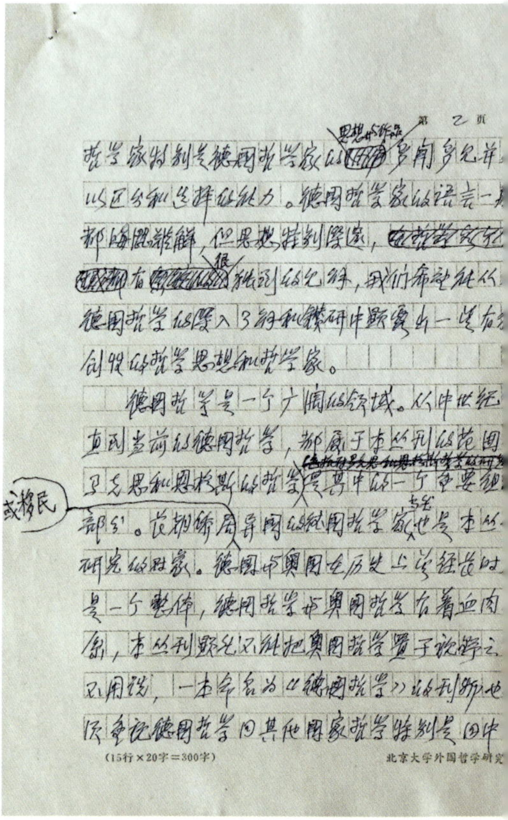

图 5-4　《德国哲学》发刊辞手稿

2.《中西哲学与文化》

为了推动中西方哲学与文化的研究，促进中西方思想文化交流，张先生萌发了成立一个民间研究机构的想法，这个想法得到了当代著名哲学家伽达默尔（Hans-Georg Gadamer，1900—2002）先生的热情响应和积极支持。在给张世英先生的信中，伽达默尔教授表示："在德国以至整个欧洲对各种形式的精神合作都有极浓厚的兴趣。"这样，"中西哲学与文化研究会"于1989年4月1日在北京宣告成立。研究会由伽达默尔教授任名誉会长，张

图 5-5 《中西哲学与文化》第一辑

世英和汤一介两位先生任会长。研究会创办的学术丛刊《中西哲学与文化》同时启动。这也是一本高规格的学术丛刊，如果说《德国哲学》旨在搭建中国哲学和德国哲学之间的桥梁，那么《中西哲学与文化》要搭建的则是中国文化与西方文化之间的桥梁。

丛刊编委会的阵容比《德国哲学》更为强大，伽达默尔教授任名誉主编，张世英先生和汤一介先生任主编。外方编委包括法国哲学学会主席董特（Jacques d'Hondt）教授、美国著名哲学家萨利斯（John Sallis）教授、瑞士哲学家格洛伊（K. Gloy）教授、日本哲学家隈元忠敬（Chukei Kumamoto）教授、意大利哲学家罗塞蒂（Livio Rossetti）教授和美籍哲学家成中英（Chung-Ying Cheng）教授等。中方编委包括

PHILOSOPHISCHES SEMINAR DER UNIVERSITÄT · MARSILIUSPLATZ 1 · 6900 HEIDELBERG 1
Prof. Dr. Hans-Georg Gadamer   19. Juli 1989

Sehr geehrter Herr Kollege Zhang,

ich bedanke mich für Ihr interessantes Schreiben und für die ehrenvolle Einladung, die Sie darin aussprechen.

Ich kann Ihnen versichern, daß hier in Deutschland und überhaupt in Europa das lebhafteste Interesse an jeder Form geistiger Zusammenarbeit besteht. Es ist mir eine Ehre, wenn Sie mich in dieser Form zu Ihrer Society zählen und wünsche der Zukunft unserer Zusammenarbeit alles Gute. Insbesondere bitte ich mich den Herren Präsidenten der Society und den Herausgebern Ihrer Zeitschrift angelegentlich zu empfehlen.

                                    Ihr ergebener
                                    H.G. Gadamer

图 5-6　伽达默尔教授就担任中西哲学与文化研究会名誉会长和《中西哲学与文化》名誉主编一事写给张先生的信（1989 年 7 月 19 日）

图 5-7　伽达默尔教授写给张世英先生的信

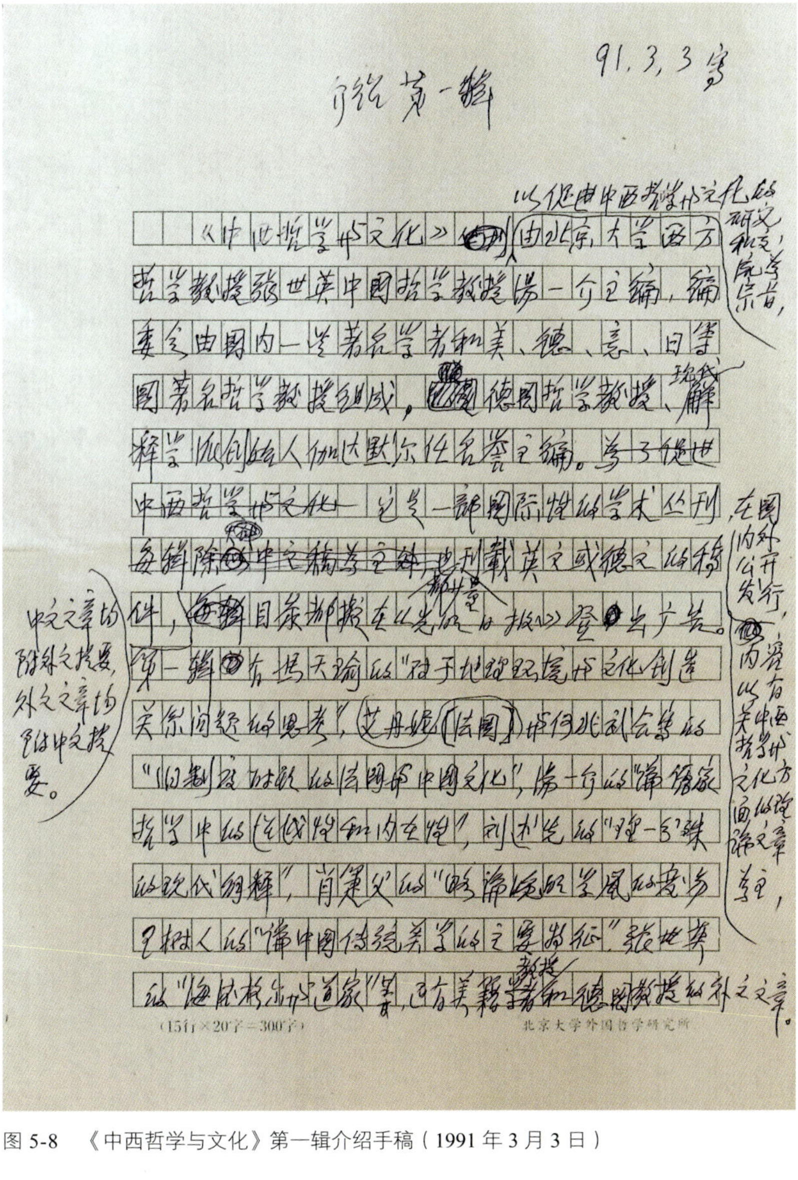

图 5-8 《中西哲学与文化》第一辑介绍手稿（1991年3月3日）

汪子嵩教授、苗力田教授、梁志学教授、钟宇人教授、陈启伟教授、杨寿堪教授、李泽厚教授、孙长江教授、王树人教授、方立天教授、乐黛云教授、牟钟鉴教授、庞朴教授、严绍璗教授、冯天瑜教授等。

和《德国哲学》一样,这份辑刊同样面临经济困难,出版社大都不愿意出版这种没有多大销路的图书。经过一番努力,辑刊第一辑由河北人民出版社出版,但编辑部需要支付出版补贴,作者稿费也需要由编辑部支付,对张世英先生和编辑部来说,这仍然是一笔不小的开支。通过动用私人关系,第二辑改由警官教育出版社(后并入中国人民公安大学出版社)出版,免除了原来需要编辑部支付的费用。主要由于资金原因,这份辑刊最终未能维持下去,仅有的两辑竟然是在两家不同的出版社出版的,背后的艰辛恐怕只有先生和身边的少数几个人知道。

虽然这份辑刊存续的时间不长,但在很多人的脑海里留下了深刻印象。商务印书馆总编辑陈小文在追忆张世英先生的文章中写道:

图 5-9 和商务印书馆总编辑陈小文在一起

五、从作者到编者

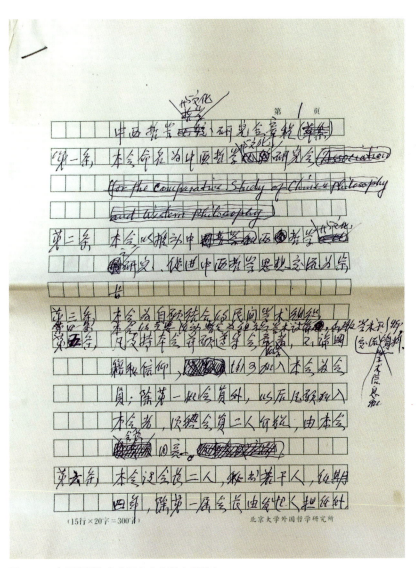

图 5-10　中西哲学与文化研究会章程（手稿）

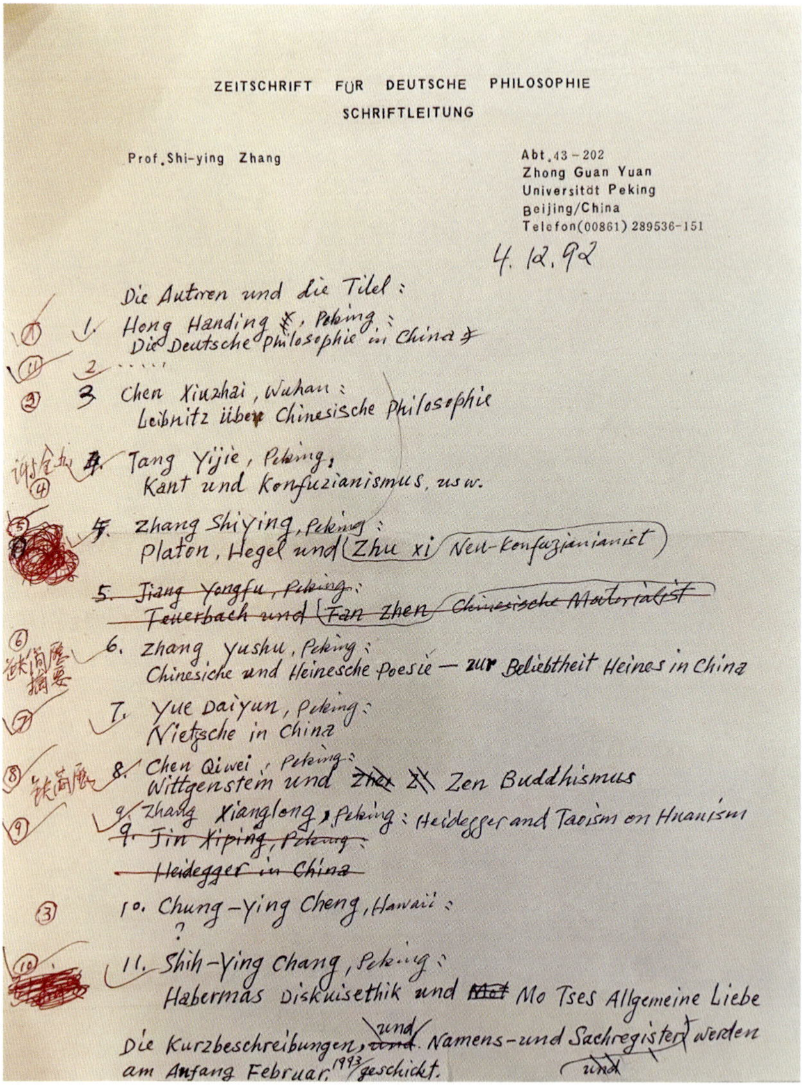

ZEITSCHRIFT FÜR DEUTSCHE PHILOSOPHIE
SCHRIFTLEITUNG

Prof. Shi-ying Zhang

Abt. 43-202
Zhong Guan Yuan
Universität Peking
Beijing/China
Telefon (00861) 289536-151

4.12.92

Die Autoren und die Titel:

① 1. Hong Handing, Peking:
   Die Deutsche Philosophie in China

② 3. Chen Xiuzhai, Wuhan:
   Leibniz über Chinesische Philosophie

④ 4. Tang Yijie, Peking:
   Kant und Konfuzianismus, usw.

⑤ 5. Zhang Shiying, Peking:
   Platon, Hegel und Zhu xi (Neu-Konfuzianismist)

   5. Jiang Yongfu, Peking:
   ~~Feuerbach und~~ Fan Zhen (Chinesische Materialist)

⑥ 6. Zhang Yushu, Peking:
   Chinesische und Heinesche Poesie — zur Beliebtheit Heines in China

⑦ 7. Yue Daiyun, Peking:
   Nietzsche in China

⑧ 8. Chen Qiwei, Peking:
   Wittgenstein und ~~Zhen~~ 凡 Zen Buddhismus

⑨ 9. Zhang Xianglong, Peking: Heidegger and Taoism on Humanism
   ~~9. Jin Xiping, Peking:~~
   ~~Heidegger in China~~

③ 10. Chung-Ying Cheng, Hawaii:

⑩ 11. Shih-Ying Chang, Peking:
    Habermas Diskursethik und ~~Mit~~ Mo Tses Allgemeine Liebe

Die Kurzbeschreibungen, und Namens- und Sachregister werden
am Anfang Februar 1993 geschickt.

图 5-11　张世英手迹（5）

"张先生主编《中西哲学与文化》辑刊,把我的一篇读书笔记《在己无居,形物自著》选进去了,这是我平生公开发表的第一篇文章。我的硕士论文《语言是存在的家》发表在张先生主编的《德国哲学》上,这是我发表的第二篇文章。大家都知道,90 年代初,要发表一篇文章是非常难的,我如此青涩的习作,承蒙他不弃,收录出版,实属错爱。这星火的成果,一直是激励我在学术道路上前进的力量,我一直非常感念张先生的恩德。可以说张先生是我学术道路上的伯乐和重要引航者。"[7]

(三)主编《黑格尔辞典》和《新黑格尔主义论著选辑》

1.《黑格尔辞典》

80 年代后期,为了推进中国的黑格尔哲学研究,张世英主编了《黑格尔辞典》。该书系国家"七五"社会科学规划重点科研项目,是一部学术性、知识性、资料性的工具书。该辞典有如下三个特点:第一,撰稿人阵容强大。当时国内黑格尔哲学、德国古典哲学和西方哲学方面的很多著名专家都参加了词条的撰写,张先生本人撰写了 10 余万字。第二,辞条内容丰富。不仅包括黑格尔哲学体系及其各个部

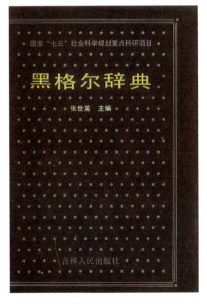

图 5-12 《黑格尔辞典》

分的基本概念和范畴,黑格尔本人的常用术语和专门术语,黑格尔本人的著述,而且包括黑格尔著作中涉及的若干学说、事件、概念和术语等,凡468条。此外,在附录部分对《黑格尔全集》的若干版本进行了评介。第三,释文力求忠实黑格尔的原文、原义,并反映国内外黑格尔哲学研究的最新成果。

先生的次子张晓崧参与了《黑格尔辞典》的写作,他在回忆文章中写道:"我承写了《黑格尔辞典》中美学词条的大部分,由此深知父亲学术上的要求之严格和这些词条写作之不易。他要求有关黑格尔思想的每一个词条,都要用黑格尔的原话去解释,都要汇聚《黑格尔全集》中所有和这一词条有关的各种提法。关键之处,还要和德文原版著作核对,以防止人们断章取义、望文生义、穿凿附会。"[8]

为了保证辞典的学术质量,若干试写的条目先行刊登在《外国哲学》《学术月刊》《北京大学学报》等专业期刊上,以广泛听取社会各界人士和读者的意见。可以说,这部专业辞典代表了20世纪80年代中国黑格尔研究的最高水平。为一位哲学家"立典",不仅表明了这位哲学家的重要性,而且反映了一个国家对这位哲学家的研究深度。1991年,该书由吉林人民出版社出版,1994年获北京市第三届哲学社会科学优秀成果一等奖。贺麟先生在推荐书中写道:"国外的学术界,尚未有人作类似的尝试。著名的黑格尔著作编辑出版者格洛克纳(Glockner)仅为黑格尔的术语编了一个索引。现在,中国对黑格尔的最重要的术语有了集中的成文的概括,这在国际上还是第一次。"

2.《新黑格尔主义论著选辑》

19世纪末到20世纪上半叶,新黑格尔主义在美国和欧洲哲学界盛行一时。贺麟先生留学美国和德国期间,深受新黑格尔主义的影响,所

五、从作者到编者 | 177

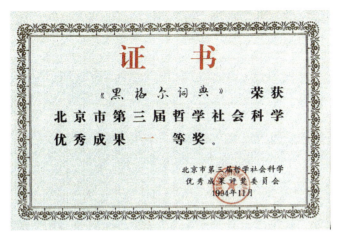

图 5-13　《黑格尔辞典》获奖证书（证书上"词"当作"辞"）

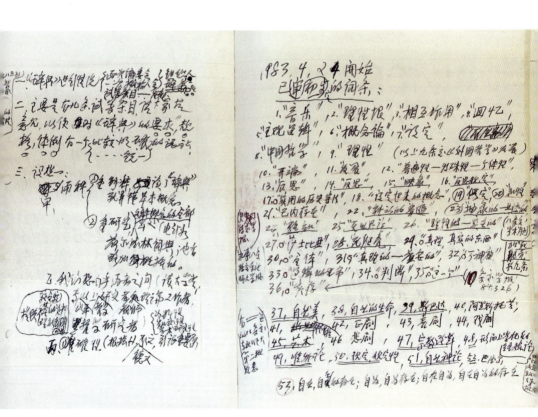

图 5-14　张世英手迹（6）

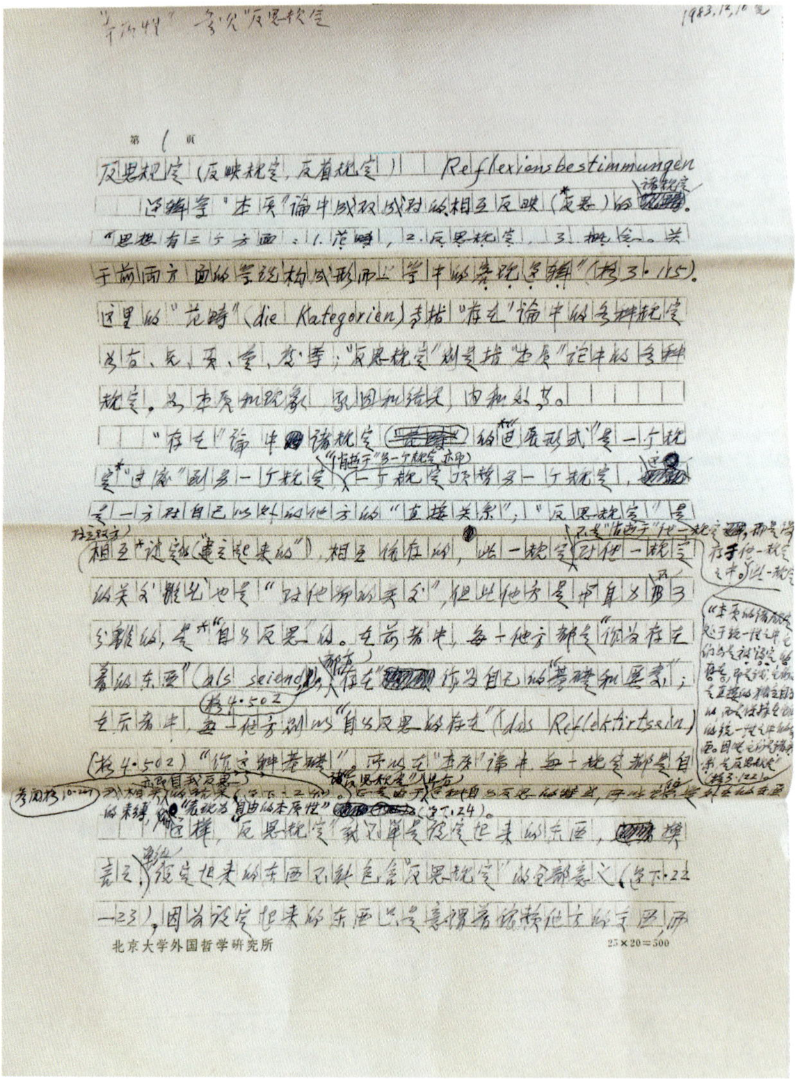

1983.12.10

第 1 页

反思规定（反映规定，反省规定） Reflexionsbestimmungen

逻辑学"本质"论中成对成双的相互反映（反思）的诸规定。"思想有三个方面：1.范畴，2.反思规定，3.概念。关于前两方面的学说构成形而上学中的客观逻辑"（格3·115）。这里的"范畴"（die Kategorien）专指"存在"论中的各种规定如有、质、量、度等；"反思规定"则是指"本质"论中的各种规定，如本质和现象、原因和结果、内和外等。

北京大学外国哲学研究所　　25×20=500

图 5-15　为《黑格尔辞典》所写的词条"反思规定"手稿

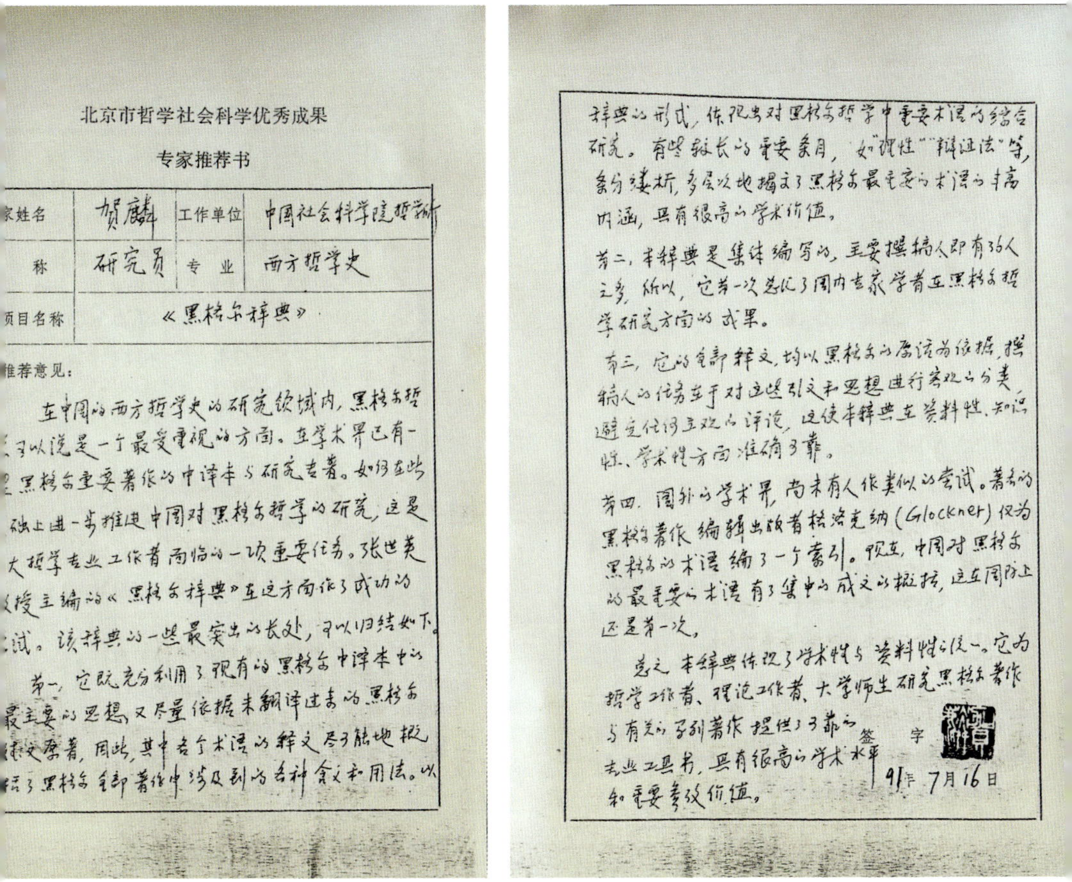

图 5-16　贺麟先生为《黑格尔辞典》写的推荐书

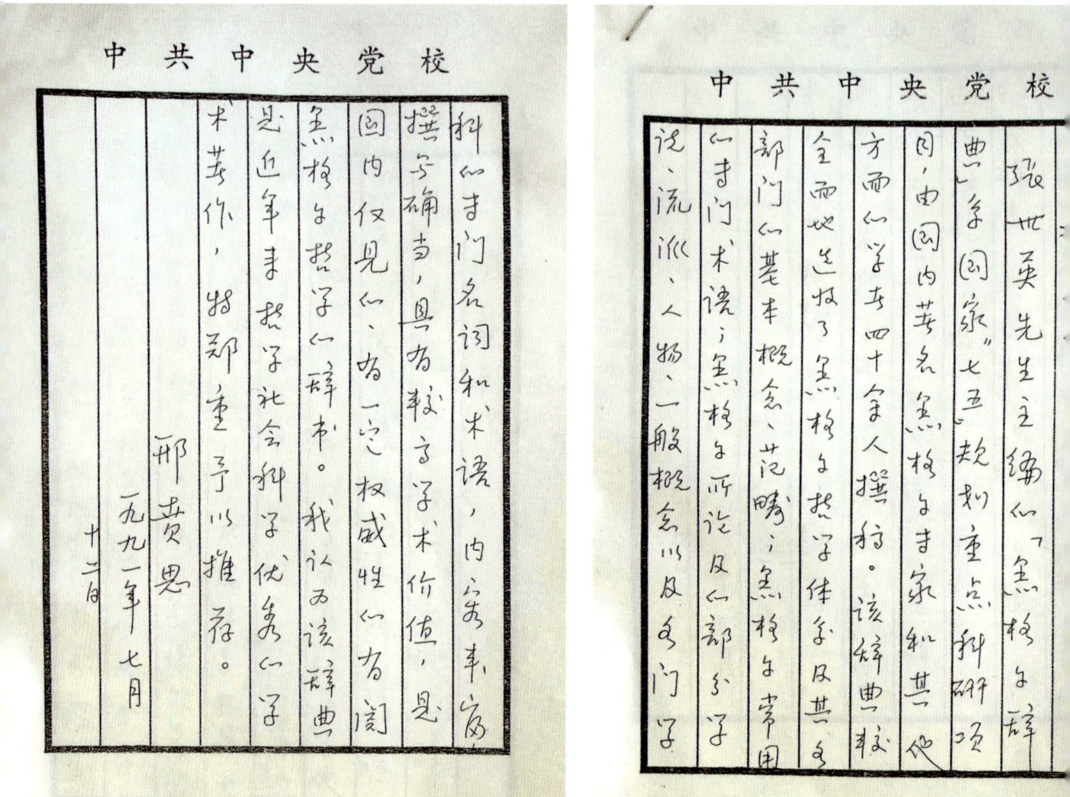

图 5-17　邢贲思先生为《黑格尔辞典》写的推荐书

张世英先生主编的"黑格尔辞典"条目系列入"七五"规划重点科研项目，由国内著名黑格尔专家和其他方面的学者四十余人撰稿。该辞典较全面地选取了黑格尔哲学体系及其各部门的基本概念、范畴、黑格尔哲学所论及的专门学术议、流派、人物、一般概念以及专门学科的专门名词和术语，内容丰富，撰写确当，具有较高学术价值，是国内仅见的一部权威性的黑格尔哲学辞书。我认为该辞典是近年来哲学社会科学优秀的学术著作，特郑重予以推荐。

邢贲思
一九九一年七月十二日

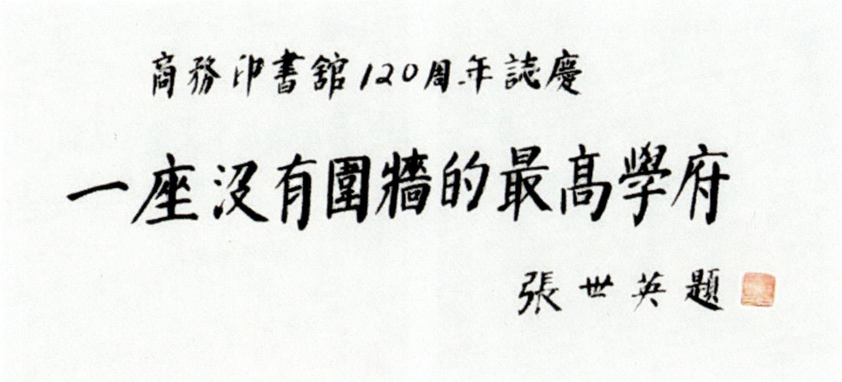

图 5-18　为商务印书馆题字

以,他对黑格尔的研究往往带有新黑格尔主义的色彩。受贺先生的影响,张世英也是从新黑格尔主义起步走上黑格尔哲学研究之路的,新黑格尔主义一直是他学术兴趣的一个重要方面。受当时的国家教育委员会的委托,张世英主编了上、下两卷的《新黑格尔主义论著选辑》(以下简称《选辑》)。该书被列入 1985—1990 年哲学类专业教材编选计划,于 1997 年和 2003 年由商务印书馆相继出版。

《选辑》选录了英、德、美、意、法等国有代表性的新黑格尔主义者的若干重要著作,基本上呈现了新黑格尔主义运动的全貌。《选辑》的英国部分收录了斯特林、格林、布拉德雷、鲍桑葵、麦克塔加尔特、缨尔、芬德莱等人的作品;德国部分包括了克洛纳、格罗克纳、拉松等人的作品;美国部分选译了鲁埃士、布兰夏德、缪勒等人的作品;意大利部分有克罗齐和詹梯利的作品;法国部分选译了依波利特的作品。张先生亲自挑选作者和篇目,亲自挑选译者并审定译稿。一直到今天,这套《选辑》仍然是人们学习黑格尔哲学和新黑格尔主义的重要参考文献。

图 5-19　《新黑格尔主义论著选辑》(上、下卷)

图 5-20　2003 年 8 月出席"汉译世界学术名著丛书"第十辑专家论证会

(四)主编"世界思想家译丛"和《黑格尔著作集》

1. "世界思想家译丛"

21世纪初,时任中华书局社长的宋一夫请年逾80的张世英先生主编翻译一套西方哲学丛书,张先生邀请赵敦华先生一起主编。他们选择了国际教育出版巨头汤姆森学习出版集团(后更名为圣智学习出版公司)旗下的"华兹沃思哲学家丛书"。这是一套集学术性与普及性为一体的多卷本哲学丛书,当时已经出版88本,在国外非常畅销。丛书作者均为相关领域的著名学者,每本书介绍一位哲学家,篇幅短小,却质量精良。中华书局从该套丛书中精选出了45本,以"世界思想家译丛"之名翻译出版。中文译者中不乏相关领域的著名学者,保证了丛书的学术质量,比如《罗素》一书的译者为陈启伟先生,《海德格尔》一书的译者为张祥龙先生等。

赵敦华先生回忆道:"张先生是我崇敬的前辈,多年聆听他的教导。这次协助他工作,更使我受益良多。张先生以他在学界的号召力和眼光,挑选出一批亲炙的或私淑的弟子,担任各书的译者。这些译者很

图 5-21 "伟大的思想家"系列

多是北大哲学系和外哲所的毕业生,有的是学有专攻的知名学者,有的是崭露头角的后起之秀。他们以深厚的学养和翻译经验为基础,张先生亲自把关审稿,保证翻译信实可靠,保持了原书详明要略、可读性强的特点。可以说,这套丛书的翻译为原书增光添彩了。"[9]丛书出版后,在社会上广受好评。2019 年,该套丛书更名为"伟大的思想家",由清华大学出版社出版。

2.《黑格尔著作集》

张世英主持的另一项工程是目前仍在进行的《黑格尔著作集》。中国人移译黑格尔著作已有百年历史,其间,黑格尔的若干重要著作早已被译为中文,但在 21 世纪之前,还没有中文版的《黑格尔全集》。翻译、出版《黑格尔全集》是中国黑格尔学人几十年的梦想。早在 20 世纪 60 年代初,商务印书馆即有翻译出版《黑格尔全集》的设想,并组成了由贺麟先生牵头的工作小组,"文革"使这一计划化为泡影。80 年代初,该项目拟重新启动,成立了《黑格尔全集》编委会,由贺麟先生任名誉主任委员。后因种种原因该项目再次搁浅。

80 年代末,河北人民出版社拟请张世英先生牵头,组织翻

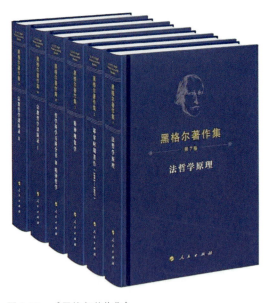

图 5-22 《黑格尔著作集》

图 5-23　1957 年考入北大哲学系的高宣扬（左）和人民出版社张振明（中）拜访张先生（2019 年 3 月 16 日）

图 5-24　在《黑格尔著作集》首批译著出版座谈会上（2015 年 7 月 23 日）

译《黑格尔全集》，并承诺出版社出重金用于该书的翻译、校对和组织工作。因当时贺麟先生尚在，由贺先生牵头的商务版《黑格尔全集》项目名义上还在，顾及师生之情的张先生没有接受河北人民出版社的邀请。2006年，受人民出版社之邀，德高望重的张先生以85岁高龄出任20卷本中文版《黑格尔著作集》的主编。这套中文版著作集据德国历史悠久、流传甚广、内容可靠的"理论著作版"《黑格尔著作集》译出，译者多为国内黑格尔和德国古典哲学领域的专家，其中多人有德国留学背景。自2015年开始，这套被列为国家"十二五"重点图书出版规划项目的著作集已经陆续面世，并引起学术界的高度关注。从各国编辑、翻译、出版《黑格尔全集》的经验看，这项工作不是一项单纯的编辑或翻译工作，而是一项有组织的黑格尔哲学系统研究工程。随着这个项目的推进和完成，必将极大地推动中国的黑格尔学术研究，这是一项功在当代、利在千秋的伟业。

六、从中国到世界

（一）走出国门的黑格尔研究

1. 白乐桑、巴迪欧向西方介绍张世英《论黑格尔的哲学》

白乐桑（Joël Bellassen）出生于一个"黑脚"家庭，也就是一个生在阿尔及利亚的法国人。据他自己说，这种"法国的边缘人"的地位，促使他20年以后开始学习一种莫名其妙的、最遥远的语言文字，这就是汉语。1969年，在高中时代就对哲学感兴趣的白乐桑如愿进入巴黎第八大学哲学系学习哲学。第二年，学校要求所有学生必须主修第二专业，他偶然被中文系办公室门上"中文系"三个方块字所吸引，开始踏上了汉语学习之路。1973年，他作为法国第一批公派赴华的留学生，前往当时的北京语言学院（现在的北京语言大学）进修汉语，第二年9月转入北京大学哲学系学习哲学。当时的中国，"文革"还没有结束。在北大哲学系，他听过冯友兰的中国哲学讲座，也听过张世英的西方哲学课。当然，听得更多的是马克思主义哲学的课，读过列宁的《唯物主义和经验批判主义》等著作。

在北大留学期间，白乐桑在书店里买了两本张世英关于黑格尔哲学的著作，其中便有《论黑格尔的哲学》。笔者猜想，这位20出头的法兰西青年之所以关注张世英这本"小书"，一个可能的原因是：同时痴迷汉语和哲学的白乐桑在这本书中找到了哲学和现代汉语的最佳结合点。

图 6-1 和白乐桑在一起（2012 年 9 月 2 日）

黑格尔哲学一向以晦涩著称，一般说来，即使是想通过阅读哲学著作学习汉语，也不会选择介绍黑格尔哲学的书。对白乐桑来说，幸运的是，由于受过分析哲学和逻辑学大师金岳霖先生的亲传，张世英对黑格尔的介绍条理清楚，语言流畅，能够让黑格尔"说"中国话。另一个可能的原因是：白乐桑是经历过巴黎"五月风暴"的一代，当时的法国青年中普遍具有一种"马克思主义情结"，他在北大哲学系又受到了中国式的马克思主义哲学的洗礼，而张世英这本《论黑格尔的哲学》正是在马克思主义哲学指导下研究黑格尔的代表作之一。

1975 年，白乐桑返回法国，从事汉语教学工作。他把这本书推荐给了法国哲学家巴迪欧（Alain Badiou）。巴迪欧早年师从阿尔都塞，受阿尔都塞的影响，对毛泽东的《矛盾论》推崇备至，认为该书是对唯物辩证法的新创造。当他拿到这本由中国哲学家撰写的介绍黑格尔辩证法的小册子时，异常兴奋。于是，几个人决定合作完成一本书，由白乐桑

图 6-2　阿兰·巴迪欧

和巴迪欧早年的学生路易斯·莫索（Louis Mossot）把《论黑格尔的哲学》的一章"黑格尔哲学的'合理内核'"译为法文，巴迪欧和白乐桑各写了一个导论，由巴迪欧撰写评注。这就是1978年在法国巴黎出版、2011年重印的《论黑格尔辩证法的合理内核——关于张世英一篇文章的翻译、介绍与评论》。1979年，白乐桑第二次来到中国，曾专门来到北大哲学系，请人把此书转给张世英，由于种种历史原因，这本书并没有送到张世英手里。

作者宣称，该书的主旨是：阐述黑格尔与马克思主义的关系这一始终存在争议的问题。在他们看来，所选张世英的文本是中国对"文革"进行总结的那些哲学论争的组成部分。从白乐桑所写的题为"黑格尔在中国"的导论中可以看到，他对黑格尔在中国的传播和研究情况是颇为熟悉的，甚至对当时中国哲学界的争论情况也有所了解。据他的观察，1949年以前，以贺麟为代表的中国哲学家对于黑格尔辩证法的革命本质表现出普遍的恐惧。1949年以后,以张世英等人为代表的哲学家则试图将黑格尔哲学中保守的方面即唯心主义体系,与其哲学中革命的一面即辩证法的"合理内核"区分开来。在题为"黑格尔在法国"的导论中,巴迪欧对当时法国哲学界围绕"黑格尔和马克思"展开的论战情况做了介绍。

巴迪欧等人从张世英这本书中选译并评注第五章"黑格尔哲学的'合理内核'"显然不是偶然的。正是在这个部分中,张世英对黑格尔辩证法的"合理内核"进行了集中的梳理,认为辩证法是黑格尔哲学中"极有价值的东西","黑格尔哲学中这些辩证法的思想是他哲学中进步的、革命的方面"。对黑格尔哲学的这种定位和评价,显然不同于当时法国乃至欧洲哲学家对黑格尔的理解。张世英这本书使巴迪欧加深了对毛泽东《矛盾论》的理解,特别是对《矛盾论》中关于"一分为二"思想的理解。若干年之后,巴迪欧已经成为享誉世界的哲学家,曾担任巴黎高等师范学院哲学系主任。如果说,在他哲学思想发展过程中,曾经受到张世英的影响,也许并不为过。

这本珍贵的法文版著作为中国学术界所知,源于一种特殊的缘分。2010年3月至2012年8月,张世英的弟子、北京第二外国语学院胡自信教授出任英国兰开夏中央大学孔子学院中方院长。在该院主持召开的全英汉语教学研讨会上,胡自信与白乐桑相识。此时的白乐

图 6-3 《论黑格尔辩证法的合理内核——关于张世英一篇文章的翻译、介绍与评论》法文版封面

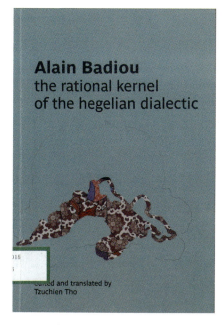 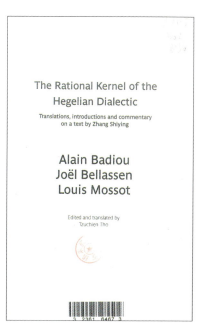

图 6-4　《论黑格尔辩证法的合理内核——关于张世英的一篇文章的翻译、介绍与评论》英文版封面及扉页

桑已经成为世界著名汉学家，担任法国国民教育部汉语总督学、法国东方语言文化学院教授。交谈中得知，他们两个人都是北大哲学系的系友，于是，白乐桑提到了张世英先生以及他和巴迪欧合作出版的那本书。在胡自信的引荐下，白乐桑和张先生很快通过电子邮件建立了联系。2012 年 9 月 2 日，趁白乐桑访问中国之际，张先生邀请他到自己的家中做客，白乐桑亲手把 2011 年再版的这本法文书送给了张先生。两人一见如故，相谈甚欢，一口气谈了 5 个小时，晚饭后又谈了 2 小时。张先生对白乐桑流畅地道的汉语和对中国思想文化的深透了解赞叹不已。谈话的焦点是中西方文化的差异。张先生更多地谈到了西方文化的优点，白乐桑则大谈中国文化的优点。两人一致认为：中西方文化发展的前途应是"中西互补"，各取对方之所长，以补己之所短。

图 6-5 《巴迪乌论张世英（外二篇）》

在为《百岁哲人：张世英先生纪念文集》撰写的题为"缘分"的纪念文章中，白乐桑深情地回忆了他和张先生的缘分以及那次难忘的会面。"与张世英先生的会面，无疑是我人生中的一个重要时刻，一个在情感和思想上都充满强度的时刻。与这位中国当代的哲学大师的一场跨文化对话就此展开。与张先生的交流，提醒了我哲学是一种看待事物的方式，一种视角的选择，是不同视域的辩证交织。这些不同的视域可能植根于不同的文化、语言或学科。而要超越诸多差异以寻求综合或互补，这恰恰就是哲学的核心。得知这位西方哲学和德国古典哲学的大师已经将目光转向了哲学的又一个伟大领域——美学，是这次会面令我印象最深刻的一点。张先生留给我们的印迹是如此地丰厚和重要：一位中国学者精纯地掌握了德语，这本身就是一种挑战。这种对德语的深入探索，使他能够进入西方哲学的核心，进而致力于语言和哲学文化的双重去中心化。"[1] 2016 年，在复旦大学哲学学院孙向晨教授的组织下，这篇珍贵文献的中文版由上海三联书店出版，书名为《巴迪乌论张世英（外二篇）》。

2. 彼得·巴腾对张世英的黑格尔研究给予高度评价

在《论黑格尔的逻辑学》一书中，张世英特别强调了"辩证的否定"的意义：肯定和否定是对立的统一，是可以相互转化的。"辩证的

NEGATIVITY AND DIALECTICAL MATERIALISM: ZHANG SHIYING'S READING OF HEGEL'S DIALECTICAL LOGIC

Peter Button
Department of East Asian Studies, McGill University

Looking back on the intensity of the hostilities of the Cold War period, it comes as little surprise that Western descriptions of dialectical materialism in China make it appear to be an over-elaborate Potemkin edifice, suggesting that what from one narrow perspective seemed to tower fantastically as the mightiest of philosophical systems was upon minimal closer inspection entirely bereft of actual "intellectual content." The oscillation one senses in the academic rhetoric—especially in China studies—when it came to dialectical materialism, with visions of it as a totalized ideological system followed by claims of its utter vacuity, probably should have given more readers pause. Chinese dialectical materialism has been dismissed as irrelevant and philosophically meaningless—occasionally in surprising fashion. Pondering the relation between writings on dialectical materialism in China in the 1930s and the overall political situation, one author of a book-length study of Chinese dialectical materialism offers the following assessment:

> The political situation does not form the background of the [Chinese essay on dialectical materialism], in which the philosophical drama is played out as if in a theatre, but the political conflict is the real content of the 'philosophical' discussion.
> *The political conflict determines every philosophical statement*, the relationships between the respective concepts, and indeed the time of publication.
> Every development that brought about a change in the political conflict has the result to bring about a change in the relationships between the respective 'philosophical concepts'.
> Conversely, every change in the relationship between the philosophical concepts signals forthcoming changes, or changes that have already taken place, in real political conflicts.
> Because of these reciprocal functions, *none of the philosophical concepts used can possess any intellectual content*. Indeed, they are absolutely empty.
> If the concepts possess no intellectual content, then they are also interchangeable. If they are empty and interchangeable, they *are no longer philosophical concepts*.[1]

One of the many conclusions that one might draw from such withering charges is that Chinese leftist thinkers did not merely suffer from an inadequate, partial, and limited theoretical grasp of the protracted and bloody national struggle between the Nationalists (KMT) and the Communists (CCP) that began in earnest in 1927 and continued almost unabated until the defeat of the former in 1949. In fact, in their profligate appropriation of Soviet dialectical materialism terminology, they unwittingly deprived themselves of any capacity for theoretical reflection whatsoever. As one of the major premises of the book just quoted is that the imported dialectical

否定"不是"单纯的否定",不是简单地抛弃和消灭旧事物,而是包含肯定于自身之中,即"否定之否定"。该书首版近50年以后,一位北美汉学家彼得·巴腾(Peter Button)教授"发现"了这个对黑格尔"否定的辩证法"的中国式解读。2007年,任教于加拿大麦吉尔大学的巴腾教授在《东西方哲学》杂志撰文,题目是"否定性与辩证唯物主义——张世英对黑格尔辩证逻辑的解读"。作者与张先生未曾谋面,张先生把这段往事称为"意外的神交"。

巴腾试图通过对张世英这本书的介绍,扭转当时国际汉学界对辩证唯物主义的误解。这种误解是:辩证唯物主义缺乏哲学内容,"采用黑格尔的术语只是为了装点门面、冒充哲学,以掩盖一种既无理论意义又独断专横的意识形态"[2]。巴腾认为,人们之所以未能理解中国的辩证唯物主义,一个主要原因是,他们没有理解辩证唯物主义中的黑格尔因素,特别是其"否定的辩证法"。"张世英主要分析了否定之否定规律,为中国的马克思主义思维辩证法提供了合法的理论根据。按照这种分析,否定是辩证法的具体表现,人们在讨论否定之否定规律时,经常提到这一特征。张世英清楚地知道,不能充分说明否定在黑格尔辩证法中所起的作用,辩证法的创造力与革命性就可能被削弱。"[3] 在巴腾看来,由于对中国缺乏了解,中国哲学家对西方哲学研究的贡献是被严重低估了的。"以张世英为例,中国人对辩证逻辑的探讨清楚地表明,就方法而言,我们起码必须认真学习张世英对黑格尔的解读,让他带领我们领会(他所理解的)黑格尔,做出这些努力之前,我们几乎没有权利评判中国人对(西方)哲学的研究所达到的水平。"[4]

应当指出的是,20世纪80年代以后,由于摆脱了对黑格尔的"官方定位",张世英对黑格尔哲学的理解和研究已经大大深化了。更为重要的是，他开始在现当代西方哲学的广阔背景下重新审视黑格尔，推出了一系列重要研究成果。遗憾的是，由于汉语学术对外推广工作还有缺欠，张先生的很多重要思想还不能为更为广泛的西方学者所了解，只有少数能够直接阅读中文的汉学家才能领略其中的风采。

（二）走向世界哲学舞台

从中华人民共和国成立到改革开放的 30 年间，中国和西方国家在哲学领域的交流基本上处于停顿状态。由于意识形态方面的原因，很多曾经留学海外的哲学家，回国后都不能继续他们的学术研究，只能做一些翻译方面的工作，而且还是"仅供批判之用"，当然没有机会参与国际学术交流了。张世英他们这一辈"土生土长"的哲学家就更不用说了。改革开放之后，他们不但迎来了自己学术上的春天，而且使中国哲学有可能走出国门，登上世界哲学舞台。

1981 年 6 月，中华全国外国哲学史学会在北京成立。同年 9 月 9—12 日，由中华全国外国哲学史学会和中国社会科学院哲学研究所共同主办的"纪念康德《纯粹理性批判》出版 200 周年和黑格尔逝世 150 周年学术讨论会"在人民大会堂隆重举行。正如贺麟先生在开幕式上的讲话所言：这是我国外国哲学史界一次具有重要意义的学术会议。一些国际知名的康德、黑格尔专家应邀出席并做了学术报告，包括当时的国际康德学会主席冯克（Gerhard Funke）教授、国际黑格尔协会主席柏耶尔（R. Beyer）教授和国际黑格尔联合会主席亨利希（D. Henrich）教授等。四名国内专家做了大会发言，他们是：张世英、齐良骥、姜丕之和李泽厚。张世英的发言题目是"黑格尔论反思（Reflexion）"。这次

图 6-7　在瑞士伯尔尼黑格尔任家庭教师的贵族施太格旧居前（1986 年秋）

大会释放出了两个重要信号。一个信号是：可以客观地研究康德哲学了。在此之前，国内学者一般重黑格尔而轻康德，对康德哲学往往采取批判态度，因为黑格尔有较丰富的辩证法，而康德是一个二元论者和不可知论者。这一次，中外学者在人民大会堂同时高调纪念这两位德国哲学家，这是前所未有的。另一个信号是：中外哲学交流的大门真的打开了。

据笔者所知，张世英第一次走出国门是 1986 年的瑞士之行。此前一年，经中央党校蒋永福教授引荐，张世英结识了海德堡大学哲学系和瑞士卢塞恩神学院哲学研究所的格洛伊教授，并邀请她参加了在武汉举行的《德国哲学》杂志第一次编委会。1986 年 10 月，应格罗伊教授的邀请，张世英出席了在瑞士卢塞恩举行的题为"唯心主义中和现代哲学中的统一性概念"的国际哲学讨论会，并被安排在第一天晚间的

图 6-8　1988 年 5 月,在巴黎参加国际辩证哲学大会时摄于会议厅休息室(从右至左:李理、慕尼黑大学教授劳特、日本学者、法国哲学协会主席雅克·董特、张世英、杨兆锭)

图 6-9　参加在巴黎举行的国际辩证哲学大会时摄于凡尔赛宫(从右至左:高宣扬、王玖兴、张世英,1988 年 5 月 8 日)

图 6-10　与日本哲学家隈元忠敬教授摄于广岛原子弹爆炸后唯一残存建筑前（1990 年 7 月）

图 6-11　1990 年 7 月在日本京都大学和广岛工业大学做演讲

"公开讲演"中做报告。格洛伊告诉张世英:"公开讲演"是讨论会的特殊节目,诸多报告人中只选一人在此节目中发言,"我们选的是您,这是一种荣誉"。报告会由格洛伊教授主持,她称张世英是"中国著名的黑格尔专家"。张世英的演讲题目是"黑格尔关于反思与对立统一性的学说",德文演讲稿被收入大会论文集《唯心主义中和现代哲学中的统一性概念》。当地报纸在报道中突出了这位中国黑格尔专家的到会和公开讲演。这不但是张世英首次登上国际哲学的舞台,还是首次用德语在国际论坛上宣读论文。细心的格洛伊教授知道张世英德语的口语交流有困难,特意安排了一个德国人为他纠正发音。此后,张世英和格洛伊教授建立了深厚的友谊,两人用德语通信达十余年之久。

在此之后,张世英开始频繁出现在国际哲学舞台上。1987年9月,他应邀出席了在联邦德国吉森举行的第十四届德国哲学大会,在专题小组会上做了题为"西方哲学史上的主体性原则与中国哲学史上关于人的理论"的学术报告,并接受了德国电台记者的专访。报告的英文稿收入《维也纳哲学年鉴》第20卷(1988)。1989年9月,他出席了在芝加哥举办的纪念海德格尔诞辰一百周年的国际哲学讨论会,在大会上做了题为"海德格尔与道家"的讲演。讲演的英文稿收入印第安纳大学出版社出版的《阅读海德格尔》(1993)。1990年7月,他在日本京都大学做了题为"中国哲学界对黑格尔的研究与解释"的报告。1992年6月,他在奥地利维也纳大学和德国美因兹大学做了题为"超越自我"的公开讲演。

1988年5月,张世英应雅克·董特教授(1920—2012)的邀请,出席了在巴黎召开的国际辩证法哲学讨论会。董特教授师从让·伊波利特(1907—1968)和保罗·利科(Paul Ricoeur,1913—2005),是法国著名哲学家和哲学史家,曾任法国普瓦捷大学荣誉教授、法兰西哲学协

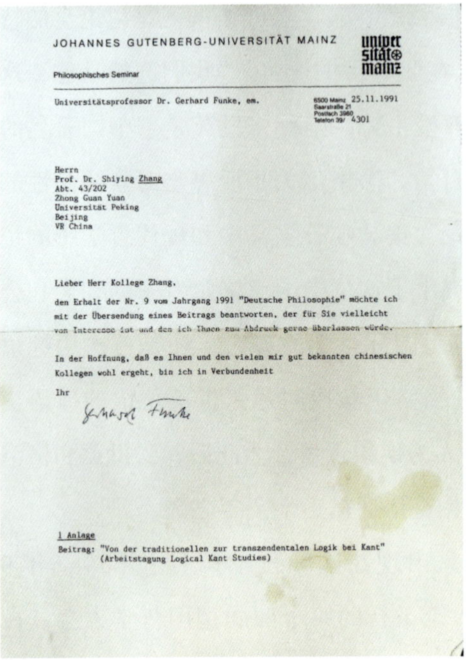

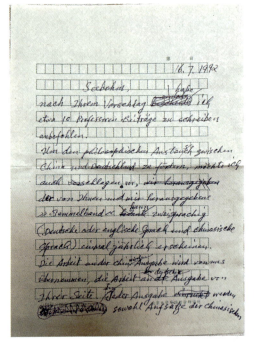

图 6-12　国际康德学会主席冯克教授写给张先生的信（1991 年 11 月 25 日）

图 6-13　写给美因兹大学泽波姆（Thomas M. Seebohm）教授的书信草稿（1992 年 7 月 16 日）

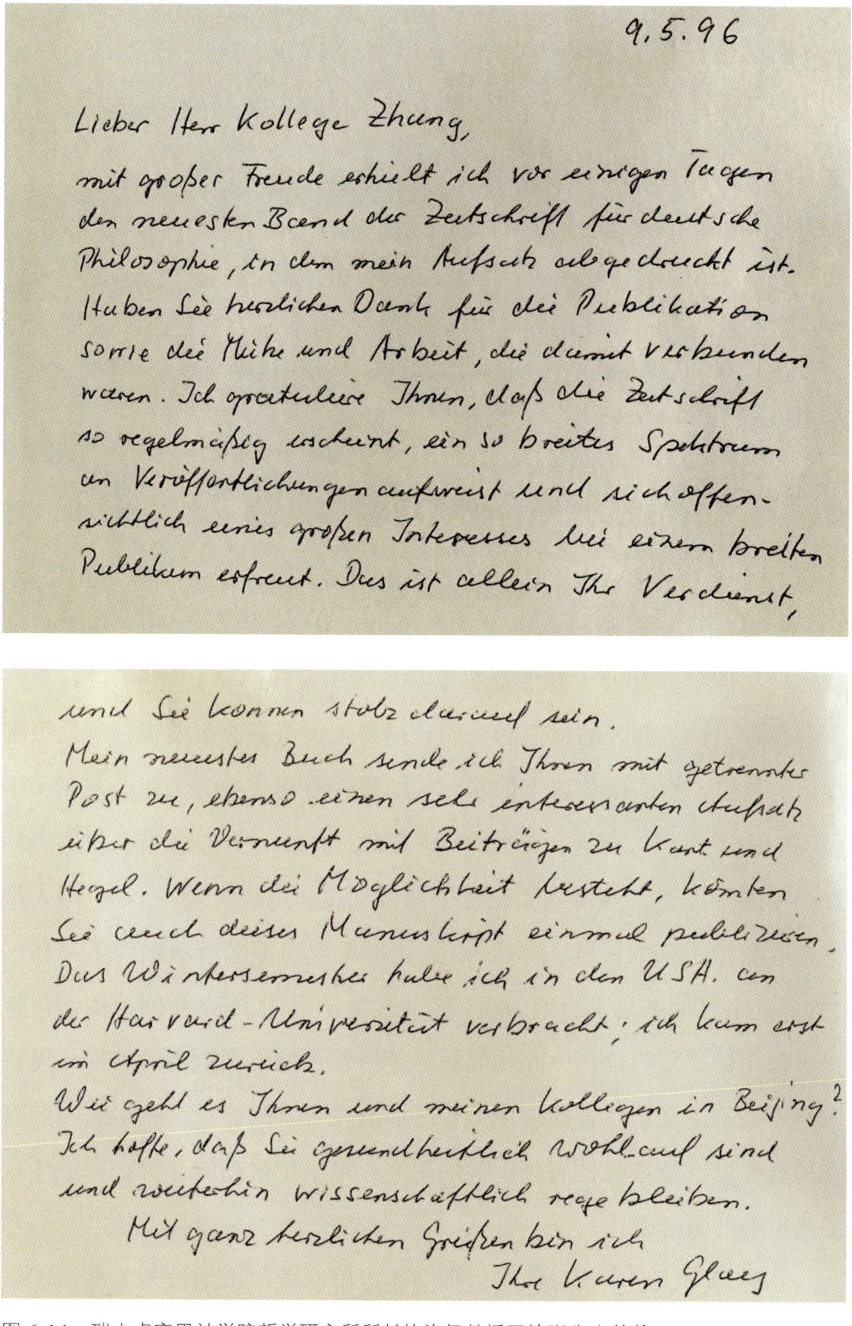

9.5.96

Lieber Herr Kollege Zhang,

mit großer Freude erhielt ich vor einigen Tagen den neuesten Band der Zeitschrift für deutsche Philosophie, in dem mein Aufsatz abgedruckt ist. Haben Sie herzlichen Dank für die Publikation sowie die Mühe und Arbeit, die damit verbunden waren. Ich gratuliere Ihnen, daß die Zeitschrift so regelmäßig erscheint, ein so breites Spektrum an Veröffentlichungen aufweist und sich offensichtlich eines großen Interesses bei einem breiten Publikum erfreut. Das ist allein Ihr Verdienst,

und Sie können stolz darauf sein. Mein neuestes Buch sende ich Ihnen mit getrennter Post zu, ebenso einen sehr interessanten Aufsatz über die Vernunft mit Beiträgen zu Kant und Hegel. Wenn die Möglichkeit besteht, könnten Sie auch dieses Manuskript einmal publizieren. Das Wintersemester habe ich in den U.S.A. an der Harvard-Universität verbracht; ich kam erst im April zurück. Wie geht es Ihnen und meinen Kollegen in Beijing? Ich hoffe, daß Sie gesundheitlich wohlauf sind und weiterhin wissenschaftlich rege bleiben. Mit ganz herzlichen Grüßen bin ich
Ihr Karen Gloy

图 6-14 瑞士卢塞恩神学院哲学研究所所长格洛伊教授写给张先生的信

图 6-15　摄于多瑙河畔

会主席（1982—1995）和法语哲学学会主席（1988—1996）。董特教授不但亲自主持了那天的讨论会，而且邀请张世英去他家做客，这是很高规格的礼仪。给张世英留下最深印象的是：董特家的房子和他在北大中关园的房子面积一样大，都是 72 平方米，而且房子的格局也差不多！在小小的客厅里，两位先生畅谈中西方文化。董特教授说："中国人是非常有哲学头脑的民族，很深沉。"张世英则略带保留地回应了一句："哲学这个名词本是来自西方哟！" 此次会面后的 20 余年间，他们每年岁末都用德文写明信片，互相问候。董特教授赠给张世英的著作《黑格尔与黑格尔主义》一直摆放在书柜的显著位置。据曾长期旅居法国的高宣扬教授说，董特教授对张世英的研究成果给予很高的评价，家中珍藏了张世英的多部著作。

1995 年 3 月 1—5 日，张世英应邀出席在美国田纳西州孟菲斯城举办的"第八届国际康德哲学大会"。大会的主题是"康德与和平问题"，来自世界各地的 250 余人做了发言。此时的张世英已经进入自己学术研究的"第二个阶段",即从"第一阶段"的哲学史研究转向了现当代西方哲学以及中西哲学的会通。在题为"康德哲学与中国哲学"的发言中,他回顾了康德哲学在中国传播和研究的历史。针对国内外学者往往

图 6-16　在国外讲学时留影

图 6-17　在美国开会期间与王蓉蓉(右一)等人合影(1995 年 3 月 7 日)

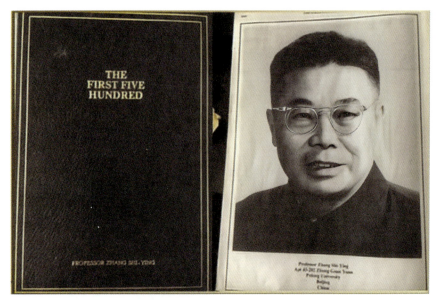

图 6-18　剑桥国际传记中心收入的《头五百》名人录（第 2 版）中张世英的专页

把康德与孔子相比的状况，张世英强调：康德哲学以主客关系和主体性为主导，而孔子哲学缺乏这种思想；康德哲学重认识论，而孔子哲学几乎不谈认识论。"康德哲学与孔子哲学的差别既是西方哲学与中国哲学的差别，也是古代哲学与近代哲学的差别。"[5] 张世英认为，就区分道德领域与知识领域、认为道德高于知识而言，康德哲学和张载哲学更为接近。报告的英文稿收入马凯特大学出版社出版的《第八届国际康德大会会议录》（1995）。

1988 年 4 月 1 日至 6 日，张世英在中国武汉主持召开了一次以"德国哲学中关于人的理论"为主题的国际哲学研讨会。这是"文革"以后在中国召开的首次大规模国际哲学会议，出席会议的中外嘉宾阵容强大、代表性强。来自国外的参会嘉宾中，有汉堡大学哲学系主任（后来曾任洪堡大学哲学系主任）施奈德巴赫教授，著名康德哲学专家、瑞士卢塞恩神学院哲学研究所所长格洛伊教授，波恩大学哲学系主任、著名黑格尔专家施密特教授，图宾根大学哲学系哈特曼教授，普瓦捷大学哲学系主任、法国哲学协会主席雅克·董特教授，美国著名现象学家、罗耀拉大学萨利斯教授，著名费希特专家、日本广岛大学哲学系隈元忠敬教授等。此外，还有几位临时因故未能参会的学者，包括国际康德学会主席、美因兹大学的冯克教授等。国内嘉宾有熊伟教授、陈修斋教授、杨祖陶教授、梁志学教授、齐良骥教授、江天骥教授、钟宇人教授等。张世英以《德国哲学》主编和湖北大学哲学研究所所长的名义向大会致开幕词。他说：在中国这块古老的土地上，德国哲学早已找到了最适于它生长的土壤。"无论中德两国在历史上所形成的哲学形态和思维习惯有着多么大的差异，也无论我们在语言上有着多么大的障碍，我们都会发现正是差异和障碍才使我们彼此渴望交流。我相信，当我们大家面对面地在一起交谈时，一定能寻找到许许多多超出语言之外的有价值的东西。"[6] 在几天的时间里，中外学者围绕着"人的问题"，展开了深入的交流和讨论。毫不夸张地说，这是一次真正意义上的中外哲学家的高端论坛。会议论文集于1993年由商务印书馆出版。

这次会议引起了国内多家媒体的关注，也给与会的外国学者留下了深刻印象。格洛伊教授在德国权威杂志《哲学研究杂志》撰文，介绍了此次大会的盛况。她说："此次中国国际哲学讨论会，自'文化大革命'以来尚属首次，从而对中国的文化政治具有显著的意义。不仅中国的学术界，而且国外学术界都对此给予了关注。"[7] 她对中国学者对西方哲学的了解程度表示惊讶，对张世英先生做出了高度评价：张世英教授在西方"广为人知。在中国，他是享有盛名的哲学家。他的贡献首先在于将一种独立自足的思想体系、一种纯粹文本诠释的对康德和黑格尔的解释引介到中国。他的贡献还在于1985年创办了《德国哲学》杂志（北京 /

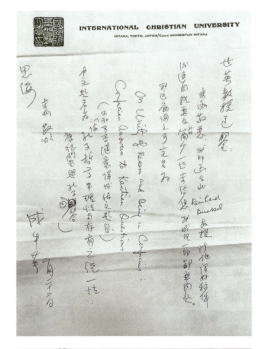

图 6-19　成中英写给张世英的信

图 6-20　美因茨大学斯蒂芬·格雷策尔（Stephen Grätzel）教授写给张世英的信

图 6-21　在"哲学与人：德国哲学中关于人的理论"国际哲学讨论会上与施奈德巴赫教授（左一）和张慎（右一）博士在一起（1988年4月6日）

图 6-22　"哲学与人：德国哲学中关于人的理论"国际哲学讨论会论文集

图 6-23 在"哲学与人:德国哲学中关于人的理论"国际哲学讨论会上与日本广岛大学隈元忠敬教授(右一)、德国汉堡大学施奈德巴赫教授(右四)、美国罗耀拉大学萨利斯教授(左一)等人合影(1988年4月)

武汉)"[8]。隈元忠敬教授也在广岛大学《大家谈》杂志撰文,介绍了大会的盛况和中国之行的观感。他感慨道:"中国哲学界的这些中心人物,为中国的学术发展作贡献的这种热情,实在令人感动。而且同样令人感动的是,中国年轻的哲学工作者的能量也是十分惊人的。"[9]

2017年11月27日,由北京大学中国战略研究中心、北京高占祥文化艺术基金会主办,概艺(北京)文化传媒有限公司承办的"美,让我们团结在一起:中梵民间美学哲学论坛"在北京举行。来自北京大学、中国人民大学、中国社会科学院等单位的国内学者,与来自梵蒂冈博物馆的专家一起,围绕着"美"这一主题,展开了深入交流。德高望重的张世英受邀参会并做了题为"文艺复兴和审美意识的本质"的主题发言。张先生强调:审美意识的本质是自由。只有审美的人,才是真正自由的人,才是完全的人。中西方美学思想有所不同,但人类生活最终会走向中西方美学思想的相互融合。梵蒂冈博物馆执行馆长尼可里尼(Paolo Nicolini)先生把此次活动称为"新文艺复兴"。他说:我们由美产生信任,由信任走到一起。我们在"希望"中遇见,"希望"是人的自由飞翔,而"美"是天空的召唤,"美"让我们结合在了一起。

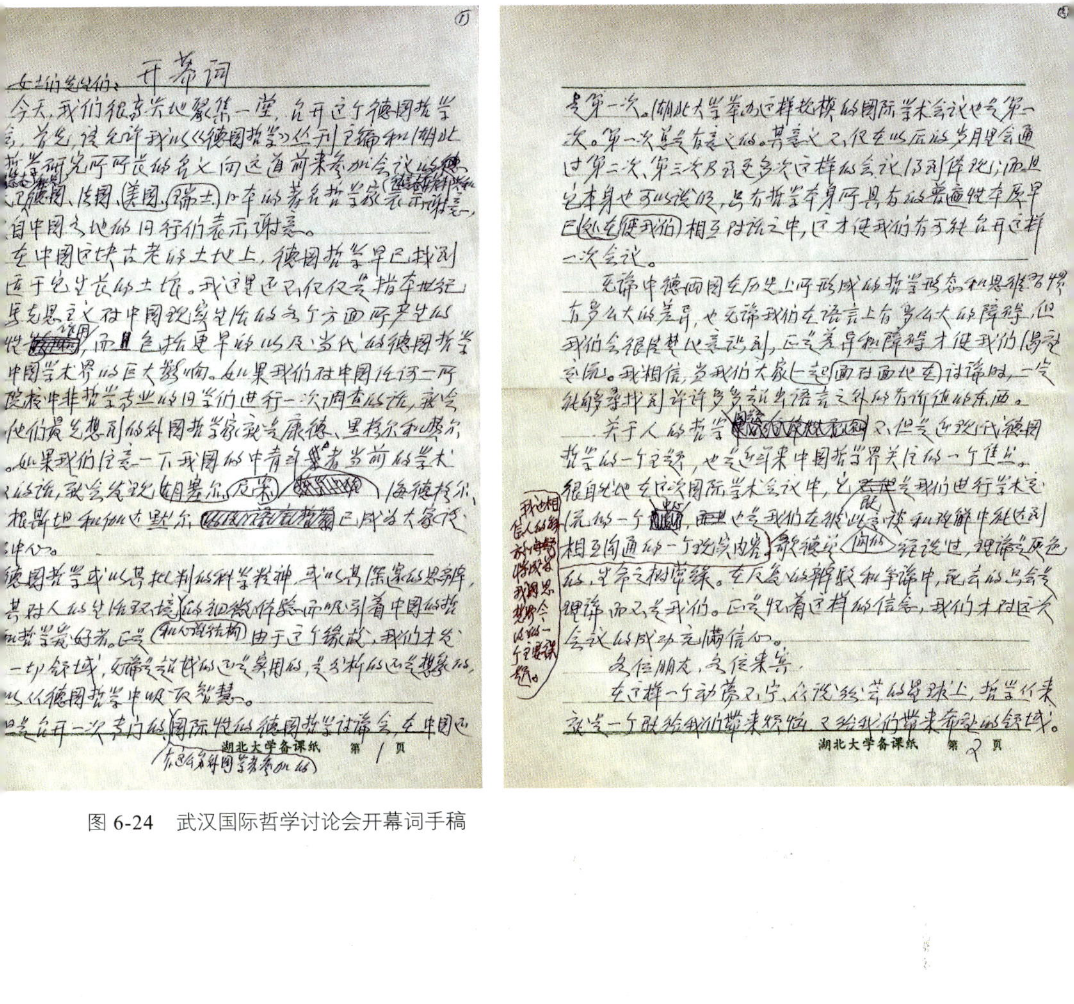

图 6-24　武汉国际哲学讨论会开幕词手稿

图 6-25 "美,让我们团结在一起:中梵民间美学哲学论坛"(2017 年)

图 6-26 在"美,让我们团结在一起:中梵民间美学哲学论坛"现场向梵方嘉宾赠书(2017 年)

（三）在第 18 届世界美学大会上做主题发言

进入 21 世纪，中国和西方在哲学领域的交流无论在广度上还是深度上都进入了一个新阶段，这使得中国哲学家有可能在更大的国际舞台上发出中国声音。世界美学大会和世界哲学大会无疑是全球哲学家对话交流的最大平台。作为中国哲学界、美学界的一面旗帜，张世英先生分别以 90 岁和 98 岁的高龄，在这两个重要会议上做了主旨发言，引起了国内外学者的广泛关注和赞誉。

2010 年，由国际美学协会举办的第 18 届世界美学大会首次在中国召开，主题是"美的多样性"。这是全球最高级别和最大规模的美学学术会议，400 多位国外美学家和 600 余位国内学者参加了这次盛会，"东方"与"西方"在这里再次相遇。8 月 9 日上午，大会在北京大学百周

图 6-27　在第 18 届世界美学大会上（2010 年）

年纪念讲堂隆重开幕。国际美学协会主席穆尔和国际美学协会候任主席卡特出席大会开幕式并致辞。开幕式之后，国际美学协会前主席马戈里斯教授、著名建筑学与城市规划专家吴良镛教授、著名哲学家和美学家张世英教授做了大会主题发言。

张先生的发言题目是"哲学与审美——从西方后现代艺术谈起"。在张先生看来，与现代艺术相比，西方后现代艺术呈现出一些新的特征：从注重"形式美"到注重"思想美和心灵美"，从"精英艺术"转向"生活艺术"，从追求科学与理性到追求精神自由。很显然，后现代艺术的旨趣与中国传统哲学和美学的旨趣有相通之处。哲学从后现代艺术中得到的启示应该是：讲出生活中的哲学理论；只要把艺术化的生活境界，通过理性思考，以说理的方式表达出来，就可以使之转化为美的哲学。

张先生强调，要让哲学具有艺术美的特性，必须"终结"西方传统形而上学的哲学，进入"后哲学"时代，而"后哲学"的特点之一就是哲学与诗的融合。哲学要美，首先就要与人的生活紧密结合。哲学是讲人生境界之学，以提高人生境界为最高任务。不同阶层的人有不同的人生境界，因而有不同阶层的哲学；不同民族的人有不同民族的生活境界，因而有不同民族的哲学；不同时代的人有不同时代的生活境界，因而也有不同时代的哲学。这些哲学之间都"不同而相通"。境界有高低之分，审美境界是最高境界，审美境界的极致是万物一体、天人合一、彼此融通无碍的高远境界。张先生的发言在与会者中间产生了强烈的反响。

（四）第 24 届世界哲学大会上的中国声音

由国际哲学团体联合会（IFPS）主办的"世界哲学大会"，无疑是全世界哲学家和哲学爱好者的盛大节日。以"学以成人"为主题的第 24 届世界哲学大会于 2018 年 8 月 13—20 日在北京举行，这是第一次在中国举行的世界哲学大会，张先生被聘为大会学术委员会荣誉委员。2017 年 8 月 13—14 日，"第 24 届世界哲学大会启动仪式暨'学以成人'国际学术研讨会"在北京大学举行，来自海内外知名大学哲学系及哲学学术机构的著名学者参加了会议。作为中国哲学界的标志性人物，张先生在大会上做了题为"世界哲学在走向中西哲学互通互融的道路上大步前进"的主题报告。为了切合大会主题，张先生重点讲了"人生在世"的两种不同方式。一种是"主客二分"式，一种是"天人合一"式。中国哲学长期以"天人合一"为主导，鸦片战争以后，中国的先进思想家们开始学习和接受西方的"主客二分"思想，但这个过程是极为曲折而缓慢的。西方哲学特别是近代西方哲学以"主客二分"为主导，现当代西方哲学家则对"主客二分"式多有批评，表现出向"天人合一"式靠拢的倾向。张先生强调，中国哲学未来的前景应该是在继承传统的"天人合一"思想的基础上，吸收、容纳西方的"主客二分"思想，进入一种"后天人合一"的境界。张先生最后说：未来世界的哲学前景，是西方"后主客"式的天人合一，与中国"后主客"式的天人合一，两者对话交融的新天地。张先生的报告在与会者中间引起了强烈的反响，大家都期望在即将召开的世界哲学大会上，这位年近百岁的中国哲人能够把自己新的哲思和人生体验带给世界。

一年以后，大家期盼已久的"第 24 届世界哲学大会"在北京如期举行。很多人和笔者一样，更加期待的是 8 月 19 日的第七场专题会议，

图 6-28　第 24 届世界哲学大会中国组委会荣誉委员会委员聘书

会议主题是"心灵、大脑、身体、意识、情感",因为 98 岁高龄的张世英先生将在这场会议上做主题报告。不料,张先生因身体不适,未能与会,由笔者代他宣读了英文发言稿,题目是"做一个有诗意的自由人"。先生从什么是自由谈起。他不同意斯宾诺莎"自由是对必然性的认识"的观点,认为这个说法完全否定了自由意志。在他看来,康德明确提出的自由在于超出必然性的学说,在西方哲学史上第一次为人的自由本质做了细致的、系统的论证。但康德把自由放在超验的领域,令人有脱离现实之感。张先生指出:宇宙是一个"万有相通"的网络整体,这个整体既是现实的、在时空之中的,在时间和空间上又是无限的。人们既可以"以物观物",因而受制于必然性,又可以"以整体观物",从而获得自由。要真正达此自由境界,仅靠道德意识是不够的,必须通过审美。

图 6-29　第二十四届世界哲学大会启动仪式暨"学以成人"国际学术研讨会合影（2017年8月13日）

图 6-30　文汇讲堂联手复旦哲学院、华东师大哲学系推出"聆听世界哲人、亲近当代哲学——庆贺第 24 届世界哲学大会在北京召开二十四位世界哲学家访谈录",张世英先生是入选的三位中国大陆哲学家中最年长者

图 6-31　在第 24 届世界哲学大会启动仪式上(左起:国际哲学团体联合会秘书长 Luca M. Scarantino、主席 Dermot Moran、张世英、赵敦华)

图 6-32　在第二十四届世界哲学大会启动仪式暨"学以成人"国际学术研讨会上做主题报告（2017 年 8 月 14 日）

图 6-33　在第 24 届世界哲学大会启动仪式上和大会中方组委会主席、北京大学党委书记郝平教授在一起

图 6-34　在第 24 届世界哲学大会启动仪式上和 Dermot Moran（左）、杜维明（中）先生在一起（2017 年 8 月）

图 6-35　在第二十四届世界哲学大会启动仪式上和全国人大原副委员长韩启德先生在一起（2017 年 8 月）

在审美活动中，人们既面对"在场的东西"，又通过"想象"进入其背后的"母源整体"，从而产生一种自由自在的满足感。先生的报告引起了强烈反响。

七、百岁哲人的诗意人生

（一）喜欢古典音乐

张世英喜欢音乐，尤其是西方古典音乐。凡能接触到的古典音乐，不管是交响曲、奏鸣曲、前奏曲还是小步舞曲，他都爱听，购买了不少古典音乐唱片。据先生的爱女晓嵋回忆，小时候张先生经常带她去五道口剧场听马思聪的小提琴独奏音乐会和李德伦指挥的交响音乐会。"文革"期间"破四旧"，为了防止被查抄，他不得不把自己常听的几张唱片埋在院子里，包括小提琴协奏曲《梁祝》、贝多芬的《命运交响曲》、莫扎特的《小夜曲》等。有趣的是，他虽喜欢"乐"，却不喜欢"歌"，名头再大的歌唱家也引不起他的兴趣。用尼采的话说，这叫喜欢"酒神精神"胜于"日神精神"。

张世英深信"言不尽意"的道理，认为"语言总不足以表达最真实、最具体而切中要害的东西"，特别是个人的心境和主观感受，是任何语言都难以表达的。在他看来，"言、词都对人的自由、自主有束缚作用"。"无言之美"才是"大美"。所以，他喜欢"无标题音乐"，在这样的音乐中享受"无拘无束的自在之境"。在接受《华人》杂志的采访中，张世英甚至说："我要学音乐ABC，我想写一本《音乐高于一切》的书，用哲学来讲音乐，让音乐富有一种哲理，让搞音乐的人看了受启发，这样学音乐会大有长进。"[1]

张世英对音乐的喜爱渗透到了他的日常生活之中。平日散步,他往往是随着某种乐曲的节奏行走的。"我每次散步时的心情,都难以用言语来形容,只能用那一次我踩的是什么曲子来表达。我的散步就是听一曲小小的'无标题音乐'。"他爱旅游,但不是设定好目的地、提前做好攻略的游览,而是无目的的"漫游"。这样的旅行让他自由自在,怡然自得。所以,他的"每一次旅游,几乎都是一次听'无标题音乐'会的享受"[2]。

在一篇关于艺术欣赏的短文中,他把自己的"喜欢"与"不喜欢"列了一个表:

> 我喜欢听西方古典音乐,不喜欢现在的流行音乐;
> 我喜欢听无标题音乐,不喜欢听有词的歌唱;
> 我喜欢听昆曲,不喜欢听京剧;
> 我喜欢听琵琶,不喜欢(甚至是最害怕)听打腰鼓;
> 我喜欢听西方的交响乐,不喜欢听中国的锣鼓喧天;
> 我喜欢听小提琴,不喜欢听拉胡琴;
> 我喜欢看芭蕾舞,不喜欢看扭秧歌;
> 我喜欢看悲剧,不喜欢看相声;
> 我喜欢《红楼梦》,不喜欢《水浒》;
> 我喜欢中国的古典诗词,不喜欢现在的白话诗。[3]

(二)文学与哲学的联姻

诚如当年闻一多先生所言,张世英和彭兰的结合是"文学与哲学的联姻"。相识之初,张世英虽也喜欢旧体诗,但不善平仄,彭兰便鼓励他:"你的诗有意境,这是能诗的根本,平仄是个技艺,我可以教你。"此后彭兰便经常帮他正平仄,久而久之,这个"好争辩"的哲学系学生渐渐增添了几分诗人气质。一次,张世英在日记中写了几句佩服她的诗才的话,不料惹得她看后大哭了一场,原来是怪他没有写一句爱她的话。其实,当初他们的结合并不被朋友们看好,因为彭兰比张世英年长三岁,朋友们担心他们的关系是"相敬"而不是"相爱"。张世英写道:"但我们终于在弦诵争吟中结成了婚姻。我们的一生,如果用一句哲学的语言来说,也许就是相敬与相爱又有区分又有统一的一生吧。"⁴ 在以后几十年相濡以沫的人生旅程中,他们一直以诗为伴,唱和有应。

彭兰是闻一多先生的高足,1944年夏季,在闻先生的指导下,完成了大学毕业论文《高适系年考证》。西南联大毕业以后,彭兰先在昆明的女子师范和昆华中学教书两年,从南开大学回到武汉后,曾执教于武汉市立第二女子中学。1953年9月来到北京大学,历任校长秘书、中文系教学秘书、古代文学教研室副主任、讲师、副教授、教授,著有《高适系年考证》《若兰诗集》等,先后讲授过先秦两汉文学史、中国文学史史料学、古典诗词选、散文选等基础课,以及乐府诗研究、古典文论、杜甫研究、高适研究、岑参研究等专题课。

彭兰对中国古典文学有很深的造诣,她的课程给同学们留下了深刻印象。1959年考入北大中文系的严绍璗保留了一份"古典文献专业第一届(五年制)课程表",在1959年9月至1960年6月两个学期的课表中,赫然写着:《中国文学史史料学》,彭兰先生主讲。严绍璗回忆道:"当时,彭兰先生配合游(国恩)先生为我们讲授《中国文学史史料学》。彭兰先生是闻一多先生嫡传弟子,她说闻先生能背诵整部《诗经》,游先生能背诵整部《左传》,于是就要求我们背出《诗经》

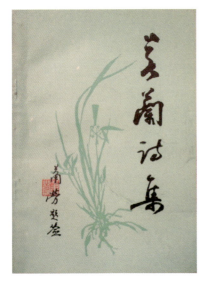

图 7-1 《若兰诗集》

图 7-2 1950年9月,彭兰接替汪曾祺,任武汉市女二中代理副教导主任

图 7-3 张世英、彭兰夫妇和女儿合影于天津(1948年)

七、百岁哲人的诗意人生 | 223

图 7-4 和女儿摄于天津寄庐前门（1948 年 3 月 24 日）

图 7-5 彭兰和女儿晓嵋、长子晓岚摄于中关园（1955 年 4 月 3 日）

图 7-6　彭兰摄于北大中关园寓所（1955 年 10 月）

150 篇，背诵《左传》中相关的 80 多个年代。"[5]

作为才华横溢的女诗人，彭兰淡远、泰然的诗人气质具有很强的感染力。据 1952 年从湖北考入北大哲学系的傅世侠回忆："我还清楚地记得，真正激起我决心做一个女学者的，是解放后第一个以新的姿态和风貌走进我的母校汉口市女二中的彭兰先生。彭先生曾就读于西南联大。当时，她不仅是我们初三的语文老师，还担任我们班的班主任。尽管现在难以回忆起她那时对我们的具体教导，但她的学者风度，她那远非地道京腔的侃侃而谈和热情奔放的诗人气质，迄今犹在眼前。一次，由于我的命题作文《母亲》，倾注了对过早逝去的慈母无限悲痛的思念和全部真挚纯洁的爱，竟博得彭先生的充分赞许和极大的鼓励。这件事好比一把启开心扉的钥匙，它使一个少女第一次真正意识到自身存在的价值，也更加坚定了无论遇到什么艰难困苦，也要沿着既定道路

图 7-7 张世英、彭兰夫妇和孩子一起于香山碧云寺留影（1957 年 9 月）

图 7-8 张世英、彭兰夫妇与即将上大学的女儿合影（1972 年 4 月 27 日）

走下去的信念和决心。"⁶

1977年考入北大中文系的王景琳回忆,"彭先生第一次给我们讲高适诗,我们就已经从她吟诵古诗的节奏、讲解诗歌时所流露出的激情,感受到她身上所特有的诗人气质"⁷。在为《若兰诗集》所作的序中,袁行霈写道:"夫诗之要,在境界、在理趣、在气象。无境界则难以引人入胜,无理趣则难以发人深思,无气象则难以撼人心魄。三者备具,斯可称诗之上乘矣。余尝询之彭兰教授,颇以为得诗道之要领……其诗平夷晓畅,不事雕琢,全是胸臆中自然流出。或沉郁,或豪放,每有勃勃生气跃然纸上。"⁸

作为一个大家闺秀,彭兰虽"能诗善文",却不善女红,连他们结婚时的被子都是张世英一针一线地缝上的,张世英对此毫无怨言,从来对她也没有这方面的要求。不过,彭兰却常常以她自己的方式为张世英

图7-9　1976年1月2日,张世英夫妇和幼子晓崧竞赋浣溪沙(1)

图 7-10　1976 年 1 月 2 日，张世英夫妇和幼子晓崧竞赋浣溪沙（2）

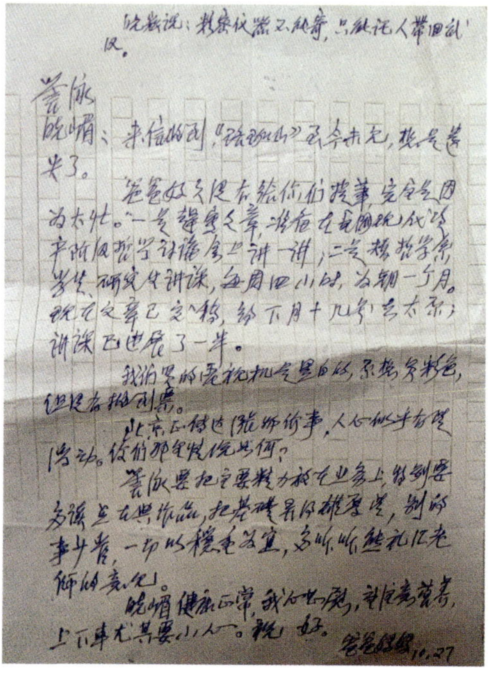

图 7-11　写给女儿晓嵋、女婿誉泳的家书（1979 年 10 月 27 日）

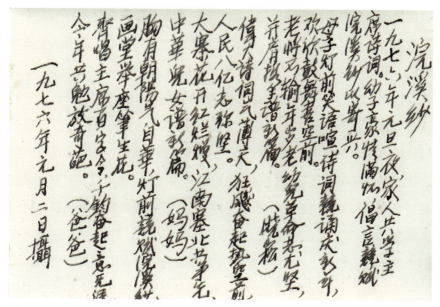

遮风挡雨，其"有胆有识"的一面每每令张世英敬佩。父亲石渠先生含冤自杀时，张世英尚在天津。彭兰以超人的胆识和智慧，证明了父亲的清白，处理了父亲的后事。念及此事，张世英深情地对父亲的在天之灵诉说道："父亲，您不必为我们的交代检查而自责，倒是该感谢您的这位儿媳，她为此而流产、腹痛，卧病多时，52年初思想改造运动中那位同志对我的批判，虽说加重了您的罪名，但您儿媳为您弄到的那个证明多少还是起到了减轻我的负担的作用呀！"[9]在几十年的岁月里，每当张世英在外面遇到困难或挫折时，"一回家就爱缠着她，要向她倾诉衷肠"。彭兰总是能够用她的诗歌使他振作起来。1984年，张世英在游太湖时寄给她的一首七绝中写了这样两句："纵有丰碑高万丈，何如一叶泛五湖。"彭兰在回赠他的诗中劝他："莫羡范蠡遗韵事，水光山色永争妍。"

1987年9月3日，病榻上的彭兰写下了《赠世英》的诗句，表达了与他再结来生之好的深情：

四十余年如一梦，酸甜苦乐几巡回。
他生共饮长江水，喜看鸳鸯逐浪飞。

1988年1月24日，彭兰病逝，享年70岁。第二天，张世英写了下面一副挽联：

春城弦诵喜结缡，争吟韵事，从此谁与正平仄！
人海徊徨承解惑，共诉衷肠，他生再面嗟沧桑。

图 7-12　彭兰和孙子在一起（1985 年）

图 7-13　张世英夫妇和女儿在中关园家中（1986 年春节）

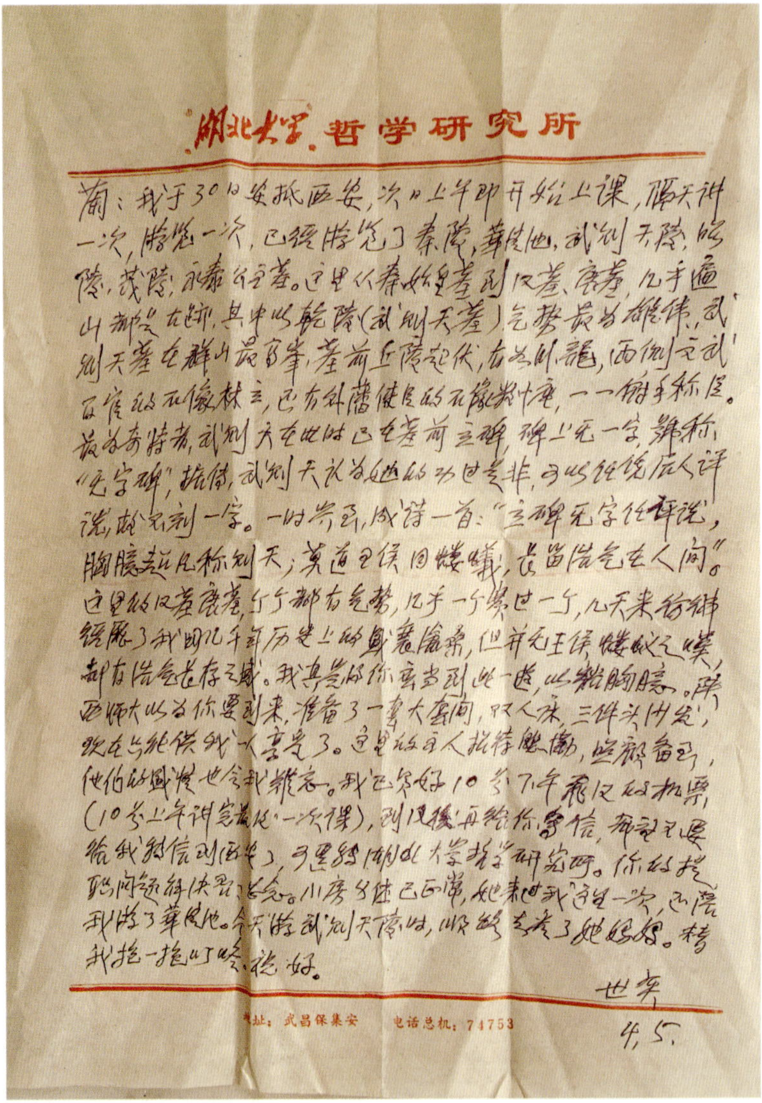

湖北大学 哲学研究所

图 7-14　写给妻子彭兰的信

图 7-15　在北大附小接孙女放学（1996 年 7 月）

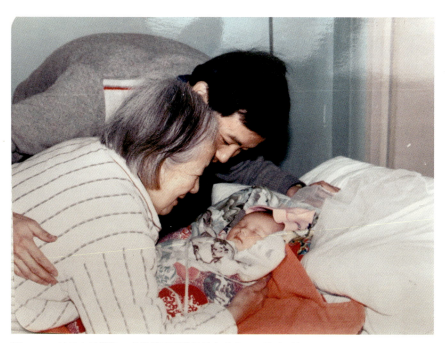

图 7-16　彭兰病重期间，晓岚带刚刚满月的女儿去 402 医院看望

张世英曾在自己的"学术自述"中写道:"我爱好中国古代文学、古典诗词,除小时受我父亲的教育影响外,更多地由于我已故的妻子彭兰(原北大中文系教授)的鼓励和帮助。……熟读唐诗宋词以及妻子、子女和我之间的诗词酬和,对我近些年来试图结合中西哲学、结合思与诗于一体的思想道路,起了很大的作用。"[10]

他们的相识以诗开始,他们的共同生活也以诗结束。为缅怀两位先生的诗意人生,特辑录他们的部分诗词作品。

1. 彭兰诗选

日暮感怀

国破家何在,层山涌暮云。

凄风人独立,古木雁中分。

孤塔迎残照,荒烟拥乱坟。

吴钩何处觅,空对夕阳曛。

——1943年于昆明西南联大

月夜抒怀

清辉依旧透窗纱,往事回思梦里花。

国破家亡人散尽,亲朋姊弟各天涯。

万里河山半劫灰,婵娟含恨且低徊。

三更数尽难成梦,恍惚遥闻画角哀。

——1943年秋于昆明西南联大

虞美人

梦回斜照春寒重,笑把双肩耸,小楼间凭看残红,始觉春将归去恨无穷。

千枝照月玲珑影,惜此良宵永,新词美酒遣愁思,醉卧花阴待晓有谁知。

——1944年春于昆明西南联大

望乡曲

年年花似锦,韶华逐水流。落日空庭静,长空暮霭浮。思悠悠,望故乡云外,魂飞汉水头。

——1944年于昆明西南联大

图7-17 2009年5月,在柏泉彭兰墓前留影

关山引

关山千万重,思君意转浓,衣带因愁缓,相思藉梦通。雨蒙蒙,念斜阳古渡,征衫怯晚风。

——1944年于昆明西南联大

浪淘沙
晚登乾隆题字处

岭外夕阳红,溪水淙淙,疗衣飘拂晚风融。世事更新危石在,遗墨犹浓。

帝业总成空,白骨尘封,名园非复旧时容。古木苍松人共赏,世世无穷。

——1963年夏于北京小汤山疗养院

七　绝

鄱阳春水碧连天,仰望长空卧石眠。
片片征帆拂云表,载将佳讯到晴川。

——1970年春于鄱阳湖畔

六十书怀

四十年来转眼过,冯唐易老岁蹉跎。
鲁戈真可挥西日,老骥千程不怕多。

——1979年2月于北大

临江仙
新建黄鹤楼落成感赋

黄鹄矶头悲往事,英雄血沃江阿。丹心赤胆万民歌,余芳犹逐浪,侠骨葬烟波。

今日神州堆锦绣,高楼重建巍峨。归来黄鹤笑呵呵,人间春意暖,重整旧山河。

——1985年5月于武汉湖滨饭店

2. 张世英诗选

喜幼弟来京感赋

交亲散落多别绪,万里欣逢欢会期。
联步长廊话往事,共围斗室忆儿时。
椿萱训教多呵责,兄弟回思尽笑资。
华发生春忘老至,娇儿不解讽语痴。

——1968年于北京大学

冒雨登长城

城堞蜿蜒烟海里,乱云飞渡居庸关。
长驱直上九千仞,叠嶂层崖只等闲。

白发满头不觉老,秋山细雨且徐行。
此身合是诗人未?乘兴携儿登古城。

——1972年10月2日

七十抒怀

从欲年华喜亦惊,回头恍惚尽烟云。

山重水复非无路,千里花明处处村。

——1991 年 5 月 20 日于武汉

八十抒怀

走过一村又一村,此村风景更宜人。

伏枥老骥志千里,红叶落时亦缤纷。

——2001 年 5 月于北京

九十抒怀

宇宙本无垠,吾心岂有垠。

八旬未觉老,九秩意犹新。

——2011 年 3 月于北京

九十赠孙

常思砍却月中桂,猛志萦怀苦未成。

最喜后生堪寄望,朦胧如见日华升。

——2011 年 3 月于北京

游乾陵观无字碑有感

立碑无字任评说,胸臆非凡堪则天。

莫道王侯同蝼蚁,长留浩气在人间。

——1987 年 4 月 5 日于乾陵

图 7-18　2009 年 5 月，和子女在彭兰家乡老屋前合影（左起：张晓崧、张世英、张晓嵋、张晓岚）

万龙滑雪场观滑雪

忽从天际降，展翅向人间。

随意白云起，悠然奏凯旋。

——2008 年 2 月 8 日春节初二

赞柏泉

荷出污泥仍不染，柏穿古井更通幽。

闲吟泽畔游方外，卓立山头细九州。

——2011 年 3 月

寄　望

老来兴未减，竟日仍勤耕。

著述数篇在，期能起后生。

——2011 年 3 月

遣　兴

朝朝总是五更雨，夜夜唯闻庭树风。

暂借墨池倾意气，推窗何日见晴空。

——2011 年 4 月

七古一首

水墨淋漓豁胸臆，浩歌狂语付东风。

三儿谁解其中意，莫笑乃翁一冬烘。

——2011 年夏

感　兴

少陵胸次隘神州，太白狂歌笑孔丘。

无事有心学李杜，若虚若实若天游。

——2011 年 6 月

赠　弟

常忆儿时手足情，八年离散意弥深。

为奔大道赴燕北，误入歧途余泪痕。

天上人间空自许，雄心壮志终难成。

苍颜华发复何冀，期望殷殷寄后生。

——2011 年秋

游稻香湖

独步香湖岸,野鹤来相亲。

问我何所愿,愿与尔为邻。

——2012 年 6 月 16 日

劲　草

年少不识世事艰,梦随高士寻乐园。

蹉跎岁月数十载,归程崎岖亦颠连。

常念疾风知劲草,愿将诗意洒人间。

——2014 年 9 月

(三)用书法表达哲思

1. 九十习字

作为"柏泉的圣人",石渠先生对学生的文字水平要求非常严格。据他当年的学生张万昌回忆,"自我上学的第一天起,石渠先生就手把手教我们写字,一笔一画,一丝不苟,严格得很。每次上交的大字作业,先生总是逐字检查,除了在写得好的字上面画红圈表示'好'外,还在写得不好的字旁写出一个样板,要你照着写。第二天发作业时,会认真讲评"[11]。石渠先生对张世英的要求更为严格,在他念小学一年级时,每天早上起来,都会教他写大字,笔拿歪了,就会打他一巴掌,字写快了,也会给他一巴掌,老屋湾的人都知道张世英是挨打长大的。石渠先生对他说:"身为一个中国的读书人,中文写不好,乃可耻之事。"

1938年秋，武汉沦陷，张世英离开父亲和家乡，在以后70余年的时间里，很少有机会写毛笔字了。2010年的一天，年近90岁的他突发奇想：练练毛笔字吧。于是，他翻箱倒柜，找出了小时候临摹的字帖——颜真卿的《多宝塔感应碑文》，那是张家的传家宝，父亲的藏书章还清晰可见。一开始，他只是一笔一画地临摹。一次，他对"死死板板地临摹"感到有点"不耐烦"，便索性甩开字帖，随心所欲地写了几笔，写出的字竟然"生动活泼"起来！这时，他突然想起了石渠先生教他写字时说过的话："习字要讲究神韵，不能貌合而神离。"

此后，他"大多不再一笔一画地临摹，而是花更多的时间读帖，拿着字帖反复地看，细细体味其笔姿和意态，吸收其神韵，转化为自己胸中的'成竹'，等到拿起笔来，却根本不看字帖，挥毫自如，达到

图7-19 为学生艾四林题字"有容乃大"
（2011年5月21日）

图7-20 为学生甘绍平题字"为仁由己"
（2011年5月21日）

一种挥洒自由的境界。我现在深深体会到，写字要写出自己的字体，就像写文章要写出自己的思想风格一样。书法和文章都是一个人的灵魂的直接体现"[12]。

2011年5月20日，张世英的几个弟子相约去他家为他祝寿。令学生们喜出望外的是，张先生根据他们每个人的特长和职业，专门书写了条幅，并裱糊好了送给他们。为笔者所写的是：为学为己。张先生的颜体字，笔力浑厚，自由洒落，真是字如其人！这个条幅一直挂在笔者的书房里。

2.《中西古典哲理名句：张世英书法集》的写作过程

先生习字起初只是觉得"好玩儿"，所写内容多为四书五经名言或唐诗宋词，后来则偏爱中西古典哲理名句，既自我欣赏，又送给亲朋好友。不料日积月累，已经颇具规模。在友人、学生和家人的"怂恿"之下，先生准备把这些墨宝结集出版。北大哲学系叶朗先生向他建议：可以找人为这些哲理名句做注，以便更多的哲学爱好者甚至中学生也能够理解其中的精神，而且，注释的文字内容最好体现张先生的哲学思想和风格。起初的想法是：找几个研究生，根据《张世英文集》的相关内容，然后分工完成这个工作。估计是先生不愿麻烦太多的人，于是2017年3月24日给笔者发来邮件，希望由笔者为《中西古典哲理名句：张世英书法集》（以下简称《书法集》）做注。

笔者当时的心情，都写在了该书的"序言"中："我是怀着既兴奋又忐忑的心情，接受为张先生新作《中西古典哲理名句：张世英书法集》做注的任务的。兴奋，是因为有此难得的机会，跟随张先生重走中西方哲学之路，重温那些脍炙人口的古典哲理名句。忐忑，是因为这是一项看似简单、实则有相当难度与挑战的工作。张先生对我说：'这项注释

图 7-21　为学生李超杰题字"为学为己"（2011 年 5 月 21 日）

图 7-22　为学生严平题字"育人为乐"（2011 年 5 月 21 日）

七、百岁哲人的诗意人生 | 243

图 7-23　为学生杨河题字"海纳百川"（2011 年 5 月 21 日）

图 7-24　为学生张慎题字"出类拔萃"（2011 年 5 月 21 日）

工程需要水平和耐心。'我自知'水平'不济，但自信'耐心'有余，且不乏'爱智'的'好奇之心'，于是，'冒险'领受了这项艰巨的任务。"[13]

笔者的注释工作从"西方古典哲理名句"开始。笔者先把布鲁诺和朗吉努斯两条格言的注释发给张先生，请先生审阅，以便确立一个标准。先生给予鼓励并提出了具体意见："两条注释写得很有学术性。建议：一、出处还可以具体一点，除书名外，还可加上具体的篇章，倒不必注明版本和页码。二、在可能范围内，注释还可以简单通俗一点。"笔者读出了先生的言外之意：注释还不够通俗。为了给笔者的注释工作提供一个理想的样本，先生发来了他亲笔撰写的两条注释。有了先生的范本，工作起来便顺利多了。

5月8日，笔者把"中国哲学部分"的几条注释发给先生，请他指教。关于孟子"物之不齐，物之情也"一条，笔者和先生各写了一个版本。5月9日，先生来邮件道："你写的'物之不齐'那一条的注释，忘了引孟子原话的最后几句：'从许子之道，相率而为伪者也，恶能治国家？'这是原文的'点睛'之笔，译成白话就是：按许行的思路做下去，那就是引导人们去做假，怎么能治理好国家啊！"

6月29日，经过三个月的埋头苦干，注释工作全部完成。交稿之日，先生和笔者都非常高兴，接下去就是等待看清样了。不料，2018年3月7日，笔者收到先生微信："今晚偶尔翻阅到你写的戴震批理学家存天理去人欲的那段注释，觉得有加注的必要。实际上，理学家朱熹讲的'存天理去人欲'中的'人欲'，只是指人的情欲之'流而至于滥'者，非指人生存所必需的一般欲求。为了避免误解，你看是否可以在注释的适当处用括号把这两句加注进去。书还没看清样，还来得及增改。"笔者当即告知出版社，予以改正。先生严谨的治学态度，给笔者留下了难忘的印象。

现在再读《书法集》，其实是留有遗憾的。按照张先生当时的要求，笔者只为"中国古典哲理名句"和"西方古典哲理名句"部分做了注，另外两个部分即"唐诗宋词"和"我的哲学思想"则没有做注。现在想来，如果对体现张先生自己哲学思想的名句也做注的话，这本《书法集》的内容无疑会更加丰富和完整。

3.《书法集》的出版与传播

《书法集》的顺利出版，特别感谢北京大学艺术学院顾春芳教授和译林出版社顾爱彬社长。起初对哪个出版社愿意出这样一本可能没有读者群的书，张先生感到没有把握。在顾老师的热心牵线和推动下，译林

图 7-25　和顾春芳教授在一起

图 7-26 和叶朗先生在"美在自由——《中西古典哲理名句：张世英书法集》新书沙龙"上

出版社表示愿意出版这部哲人书法集。顾爱彬社长对此书极为重视，将其列为当年重点打造的图书，除组织最优秀的编校队伍外，在装帧设计上用足了心思，专门聘请"世界最美的书"和"中国最美的书"获奖者刘晓翔工作室担当设计，从书的用纸到印制，不惜工本，精心制作。经过多位出版人的共同努力，一本以拓印字帖形式呈现的精美作品摆在了读者面前。出版社把《书法集》视为"译林与张世英先生的结缘之书"。拿到《书法集》以后，张先生非常高兴，多次提起对顾春芳教授和顾爱彬社长的感激之情。据先生爱女晓嵋说，先生对这本书爱不释手，经常拿起来翻阅。

早在注释工作开始之初，张先生就说，此书的作者署名如下：张世英编写，李超杰注释。笔者表示不同意署名。结果先生直接和出版社签了合同，坚持署上笔者的名字，而且注明稿费要给笔者三分之二。就这样,张先生的《书法集》笔者却拿了三分之二的稿费,真是惭愧至极!稿费到手后,笔者发微信给张先生:"拿着这笔稿费心里总不是滋味。我做的那点微不足道的工作,实在不应获得现在这个份额的报酬。" 先生的回复是:"我非常高兴出版社是按合同和我的叮嘱,给你三分之二,我得三分之一。这完全是你几个月的辛劳所得,你受之无愧,我特别心安理得。"

《书法集》面世后,在社会上产生了广泛的影响。2018年12月18日,"美在自由——《中西古典哲理

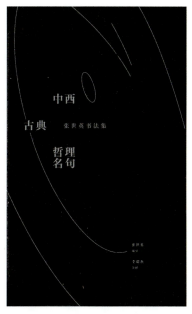

图 7-27 《中西古典哲理名句:张世英书法集》

名句:张世英书法集》新书沙龙"在北京大学燕南园56号隆重举行。沙龙由北京大学美学与美育研究中心和译林出版社共同主办。与会学者从哲学、美学和书法等角度对先生的著作给予了高度评价。先生的发言没有稿子,但思路之清晰、逻辑之严谨、底气之充沛,给与会者留下了深刻印象。

2019年年初,"文汇讲堂"的李念女士联系先生和笔者,提出了春节七天"赏书法,读名言,学哲学"的刊发计划。从除夕到初六,每天一个主题,配上张先生的书法和笔者的注释。除夕到初五的主题分别是:志向和境界篇、求知与治学篇、美德篇、审美篇、自由篇和行动篇。初六推出的是张先生和笔者为《书法集》所写的序言,题为"初六作者谈:张世英,我在书法里感受到了自由"。

图 7-28　张世英手迹（7）

图 7-29　张世英手迹（8）

图 7-30　李念采访张先生（2018 年 3 月 8 日）

图 7-31　"美在自由——《中西古典哲理名句：张世英书法集》新书沙龙"合影（2018 年 12 月 18 日）

此次活动，反响非常强烈，很多读者给先生留言，谈心得体会。网名"湖笔"的读者留言："以书法的形式呈现中西古典哲理名句，并加上注释，让读者感知先贤的思想张力的同时，体会中国书法独特之美感，我有一种道不全的感动。因为书法的线条之美，让我视觉得到充分的享受，由此特别记住和去思考其思想之美。由衷地感谢张世英教授和李超杰教授，以这样的形式传递哲学及其思想，实在是一种创举。"

网名"柴"的读者留言："张世英先生的哲理主张——哲学是追求万有相通的精神境界之学，这个观点其实是人生治学的最高境界，把所有有用的知识融会贯通，整理出自己的知识架构，而不是知识的堆叠。他所创作的意境诗句'心游天地外，意在有无间'，还有他最喜爱的王国维的诗，表达哲学专研心境的晏殊的词'独上高楼，望尽天涯路'，充分表现出张先生对哲学的研修达到了很高的造诣，可以自由自在地在有无之间穿行，实为后人楷模！"

网友们衷心希望先生长寿，并继续写下去。先生回复读者："我非常感谢各位学友对我的深情厚谊，争取活一百岁，再写点作品请各位指教。"

4. 续写《书法集》的努力

在为《书法集》做注之初，笔者就怂恿张先生继续写下去。在2017年4月7日给先生的邮件中，笔者这样写道："先生近来身体如何？还能写毛笔字吗？如能写就继续写，权当修身养性。下一步可专写现代西方哲学方面的。"先生回复："我自从去年十月肺炎以来，体力一直未恢复到此前的状态，现在右手也抖，不能再写毛笔字了。"闻听此言，心中不免有些遗憾。未曾想到，2019年3月18日，先生爱女晓嵋发来了一幅先生写毛笔字的照片，说"老父亲今天精神好，又在写

图 7-32　在书房写毛笔字
（2019 年 3 月 18 日）

字了"。我非常高兴并和晓嵋说:"可以让张先生写一些现代西方哲理名句。积累到一定数目后,我还给做注,再出一个集子。" 晓嵋发来了先生刚写的休谟的名句"哲学的繁荣主要由于各种意见和议论可以自由对抗"。这是先生原来写过的,并已经收入《书法集》。知道先生一生追求自由境界,笔者便于 3 月 23 日给先生发去了笔者挑选的一组萨特的名句,取名"萨特论自由"。同日,笔者又给先生发去了海德格尔的一组名句。先生回复:"我手抖厉害,很难有几条能见人,出书已不可能。"

　　3 月 24 日,晓嵋发来了先生刚写的海德格尔的名言"人是在的澄明"。4 月 23 日,笔者又给先生发去一组柏格森的名句。先生回复:"好。只是手抖厉害,每写五六张,难有一张成功。" 知道先生喜欢爱因斯坦，笔者于5月8日发给他一组爱因斯坦名句。先生当日回复："爱氏的名言，几乎句句都有深意，他不仅是伟大科学家，而且是地道的哲学家。我的论著中多处引用他的思想，我将尽力克服手病，把大部名言写成条幅。"

5月27日，先生给笔者发来了他写的爱因斯坦、柏格森等人的名句。先生说："这几条是左手扶右手，抖得好一点才留下的。一般要扔五六张才有一条可以勉强见人，太困难了。我差不多要决定不拿笔了，手抖令我太丧气，几成痛苦，至少是烦恼。"笔者觉得先生可能真的要就此搁笔了。

不料5月31日又收到先生的微信："我清理手机垃圾时，不知怎么地把微信中存放的内容全删去了，请你把最近连续发我的四五位现代名家名言全部再发给我。"6月1日，笔者把相关内容重发了一次。笔者心中暗喜，先生还是要继续写下去的。7月9日，先生给笔者发来了三条爱因斯坦的名言，嘱笔者找出出处。至此，笔者和先生就《书法集》的通信就结束了，那时先生已经过了99岁。2019年入冬，先生不断发烧，体力十分衰弱，真的再也无法动笔了。

（四）"性本爱丘山"

晚年的张世英先生酷爱旅游，足迹遍布祖国大江南北。次子晓崧回忆："从1995年开始，我和家人就经常开车带着父亲到山里面转。以北京为圆心，以1200公里为半径，几乎所有的名山大川、名胜古迹、湖光山色，我们都以自驾游的方式走遍了。北到长白山天池、镜泊湖、阿尔山、呼伦贝尔草原、大兴安岭、哈尔滨太阳岛、围场、崇

图 7-33　1999 年 6 月 12 日游仙人洞途中

礼、乌兰布统；西到百花山、五台山、太行大峡谷、云冈石窟、悬空寺、山西绵山、壶口瀑布、延安窑洞、法门寺、黄帝陵；西南到南阳卧龙岗、武当山、神农架、巴东楠木园、恩施大峡谷、张家界、梵净山、凤凰古城；几年前又飞到成都后租车自驾游，去过青城山、海螺沟、泸定桥、丽江、束河古镇、玉龙雪山、大理苍山洱海；南到庐山、黄山、九华山、天柱山、三清山、龙虎山、井冈山、明月山、八爪仑、大觉山、曹山宝积寺、千岛湖；东南自驾游去过雁荡山、天台山、普陀山、莫干山、武夷山，还有杭州西湖、苏州太湖、扬州瘦西湖、镇江金山寺；东到崂山、泰山、成山头、沂蒙山、山海关、北戴河、云蒙山、雾灵山……"[14]

图 7-34 2001 年春节摄于扬州

图 7-35 2002 年 4 月 18 日摄于南京

图 7-36　2003 年 2 月 4 日摄于普陀山

图 7-37　2004 年大年初四和女儿摄于五台山

图 7-38　2005 年春节期间游黄山

图 7-39　2006 年 1 月 30 日摄于西湖国宾馆

图 7-40　2019 年 10 月 27 日在密云

图 7-41　2015 年和儿子、孙女在东戴河

图 7-42　2012 年 10 月 3 日摄于哈拉哈河

图 7-43　2017 年 1 月春节期间，晓崧陪父亲游扬州瘦西湖

图 7-44 2018 年 9 月 28 日在江西省宜黄县曹山宝积寺

图 7-45 2019 年 8 月 31 日和家人参观延庆世界园艺博览会

2020年8月29日，在张先生生命的最后阶段，晓崧还开车带他去了十三陵附近的山里"转山"。那时，先生的身体已经非常虚弱，连进食都非常困难，但是看到窗外的美景，他还是非常高兴。这是先生最后一次"寄情山水，心游天地"。

下面，我们撷取和他的人生轨迹有关的几段旅程，展现先生的诗意人生。

1. 永远的"柏泉老屋湾人"

这位柏泉走出的"大先生"，从来未曾忘记养育他的那片故土。1961年，张世英在阔别多年之后首次回到了故乡。他首先要去寻找的是父亲的坟墓，然而，在"荒烟蔓草，荆棘纵横"的枯冢之中，哪里才是父亲的安息之地呢？由于石渠先生当年是自杀，在那个特殊的年

图 7-46　1980 年摄于老屋湾

图 7-47　摄于柏泉古井旁

图 7-48　家人游云冈石窟（2008 年 9 月）

图 7-49　和次子晓崧摄于柏泉老屋湾

图 7-50　探访自己的母校——柏泉学校（2011 年 6 月 5 日）

代,"自杀"往轻里说是"错误",往重里说就是"反革命",所以,家里人安葬石渠先生时根本不敢立碑,只是在坟的一侧偷偷埋了一块红色石头做标记。经过一番寻找,随行的外甥找到了埋在地下的那块石头,张世英终于可以和父亲"见面"了!面对九泉之下的父亲,张世英思绪万千,百感交集,泪如泉涌!扫墓完毕,为了不连累亲属,张世英还不忘对外甥说:"我们这次给外公扫墓的事,你也不要对外声张。"15

晚年的张世英不止一次回到柏泉,也多次热情接待来自家乡的亲人。他非常关心家乡建设。2002年,张世英到华中科技大学和武汉大学讲学。在接受记者采访时表达了自己的一个心愿:"我现在最大的愿望就是在汉口老家柏泉办一个小学甚至中学,要以我父亲的名字命名。我会把它办成武汉乃至湖北最好的中小学。过去每年发洪水,家里的房子倒了,我们就只好搬到山上住。穷人的孩子能念上书,非常不容易。这是我这辈子最后一个也是最大的心愿了!"16

当然,这远不是他最后的心愿。2014年,面对进京看望他的家乡父母官,张世英深情地说:我自幼离开家乡,长期漂泊在外,对家乡的那份情,那份爱,那种眷念和向往,用简单的一两句话是说不清楚的。我对家乡印象最深的,就是那口百年的古井。我早就有这样一个心愿,那就是将古井这个奇特的景点,重新修缮一下。他建议:在荷塘和古井旁修上一条柏油马路,并以陶渊明、司马迁、屈原等文化名人给马路命名,最好把这些文人的雕像竖在池塘旁边。这样一来,荷塘古井不光是一个风景区,而且还是一个具有深厚文化底蕴的新景点。

在晚年的书法作品中,先生经常以"柏泉老屋湾老人""柏泉老屋湾居民"落款,足见家乡在他心目中的地位!

图 7-51 《赞柏泉》手迹

2. 探寻湖北联中的足迹

虽然在巴东楠木园只生活了一年,但张世英对这段经历念念不忘。1996 年,他随女儿女婿游三峡,船经楠木园时,因水流太急,只能用望远镜远望那片记忆中的土地。2009 年 10 月 5 日,年近九旬的张世英先生在两个儿子的陪同下又一次回到了阔别 71 载的楠木园。遗憾的是,三峡大坝建成后,昔日的楠木园已被江水淹没。先生站在楠木园山顶,举目四望,努力找寻当年的记忆;远处的山头后面曾是他每天读英文的地方。他执意要寻找从山顶通到山下的一条石板路,那是同学们每天去江边洗漱的必经之路。一番打探之后,他们终于在荒烟蔓草中间找

图 7-52　和女儿、女婿在长江游轮上仰望楠木园（1997 年）

图 7-53　在两个儿子的陪伴下重回楠木园（2009 年 10 月 5 日）

图 7-54　参观湖北联中武当山分校石碑（2011 年 6 月 4 日）

图 7-55　为吴国桢故居题字（2011 年 6 月 4 日）

到了存留下来的几十步古道石阶。张世英先生在石阶上爬行了五六步，思绪万千，情不自禁赋七绝一首：

当年凄苦埋心间，白发归来思万千。
景物人踪皆不是，唯余古道绕荒烟。

次子晓崧读罢，和七绝一首：

楠园小镇丛山间，今昔迁移已万千。
景物人踪虽不是，新楼高耸入云烟。

长子晓岚评论道："老爸是追寻过去，弟弟是奔向未来。"张世英先生说，人们既要追求未来，也要遥望过去。"一个人没有对未来的追求，那是'丧志'；丢掉过去，就意味着'丧己'。"[17]

2011年6月4日，90高龄的张世英先生又回到了建始县，参观了当年建始高中的故址（现在的三里民族初级中学）。在当地人的指引下，他找到了当年的邮政所。原来当时同学们的居住条件非常差，有一个同学家里条件优越，便在邮政所的楼上租了一间房，并邀请张世英先生与他同住。那位同学早已作古，但当年邮政所的房子竟然还在，令张世英感慨万千。在建始高中求学期间，张世英还曾在吴国桢位于三里坝的家中居住过，于是，他们又前往红岩寺镇拜访了吴国桢故居。临别之际，先生为三里乡和红岩寺镇分别赠墨题字"古镇胜迹"和"吴国桢故居"。8月回京后，先生赋七绝一首：

**七十年后重返抗日战争时期母校湖北省
建始高中旧址三里坝有感**

孤鹤归来寻旧梦，童颜白发笑谈间。

当年风雨记犹在，人海浮沉化作烟。

3. 从柏泉到天池：脚踏实地与仰望星空

2011年金秋，张世英先生在儿子的陪同下游览天池。路旁木牌上的一行小字引起了先生的兴趣："莫让天池太寂寞。"面对位于天际、无人触摸因而略显"寂寞"的天池，他不禁感慨，写下了下面一段感言：

> 天池和我故乡的柏泉古井正好形成鲜明的对比：柏泉古井是井水来自地底，东北天池是池水来自天上；一个是历经尘世污秽而不染，一个是压根儿一尘不染。总之，一个是人间，一个是天上，二者真可谓天壤之别。但天上与人间却又不是隔绝的：天上的仙女总是不甘寂寞而"思凡"，尘世的有志之士总是想"出污泥而不染"。——天上与人间竟如此相互向往，彼此相通！"莫让天池太寂寞"的警句，是否意在昭示世人：有机会不妨登上天池，借天池的圣洁，清洗一下自己心中的尘埃；天池随时准备着为游人"洗尘"！

从天池下来，他们又去了牡丹江干流上的镜泊湖。这是中国最大、世界第二大的高山堰塞湖，已被联合国教科文组织列为世界地质公园。面对清如明镜的湖水，张先生赋七绝一首：

图 7-56　摄于天池（2011 年 10 月）

图 7-57　摄于镜泊湖（2011 年 10 月）

长白一望绣成堆，红叶漫天扑面来。

朵朵彩云迎客至，天池镜泊洗胸怀。[18]

4. 永不消逝的红毛衣

2012年春节，年逾九旬的张世英先生在儿子的陪伴下到湖南凤凰城旅游。途经邵阳时，先生对儿子说：我们一定要去邵阳的雪峰山，当年你妈妈在那里丢了一件红毛衣！原来，1946年夏，张世英和彭兰大学毕业后，坐着一辆敞篷车从昆明前往武汉。途经邵阳雪峰山时，一阵狂风袭来，把彭兰的红毛衣吹到了半空，很快消失在了崇山峻岭之中。随风飘去的红毛衣的影像一直埋在张世英的心底。望着眼前的雪峰山，张先生触景生情，仿佛又一次看到了那件随风飞舞的红毛衣，回到了与红毛衣共舞的年代！于是，满怀深情地写了一篇散文《永不消逝的一件红毛衣》。

5. 遥远的想象

2013年国庆节，张世英在儿子的陪伴下去重庆旅游，那是他上西南联大前曾经短暂生活过的地方。1941年春，张世英中学毕业，因大学都是秋季开学，便在重庆上游白沙镇的教育部立大学先修班读了半年书。那时，贫病交加的陈独秀正避乱于此，张世英曾经在镇上远远地看到过陈独秀的身影。同学们谈论起陈独秀，总是会联想到民主与科学。到了白沙镇，张氏父子在当地人的指引下，参观了聚奎中学校园，这是当年陈独秀曾经短暂居住过的地方。

重庆之行的下一站是叙永县。叙永是当年西南联大的分校，1940年的一年级新生曾在这里就读两个学期。彭兰就是这些学生中的一员，所以，叙永一直是张世英向往之地。在叙永县委宣传部部长的带领下，

图 7-58 《九十思问》

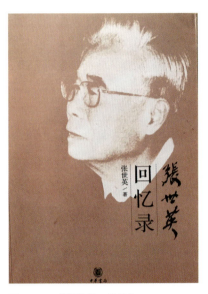

图 7-59 《张世英回忆录》

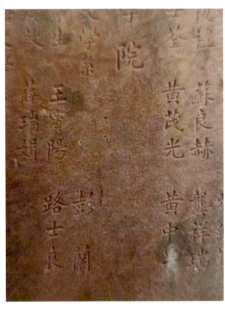

图 7-60 西南联大叙永分校纪念碑

他们参观了西南联大叙永分校旧址。在"国立西南联大叙永分校纪念碑"旁,横立着另一块石碑,上面刻满了当年在此生活过的师生的名字,"彭兰"两个大字醒目地出现在学生名单中的第一位。张世英又惊又喜,彭兰身披红毛衣的形象又一次浮现在他的眼前。"这次叙永之行,又一次引起了我对她青年时期作为女诗人的美丽回忆。时过境迁,这些美丽的回忆也只能是遥远的想象。"[19]

6. 渊明遗风何处寻

受父亲石渠先生的影响，张世英终身以陶渊明的"不慕荣利"为座右铭，探寻渊明的足迹可以说是他的一个夙愿。关于陶渊明的出生地，历来有两种说法：一种说法是他是江西寻阳郡柴桑县人，即今天的江西省九江市；另一种说法则认为他是江西宜丰人。2016年，95岁的张先生在两个儿子的陪伴下来到了宜丰县。这里有三个陶姓村，据说陶渊明出生于安城村。如今，陶渊明故居早已焚成废墟，留下的只是一块杂草丛生的空地。

在当地一位陶姓长者的带领下，他们清除了一个土堆上的杂草和泥土，发现了一块刻有"陶渊明故里文化保护区"字样的石碑。张先生既感欣慰，又觉悲怆。"欣慰的是，终于找到了后世对陶渊明的一点纪念物；悲怆的是，千余年后，名垂青史的伟大田园诗人故里之碑，竟横卧在荒烟蔓草之中。"那位长者自豪地说："陶渊明是我们陶家的骄傲，直到今天，他还是我们陶家最值得尊重的人物啊！"张先生应声说："何止是你们陶家的骄傲？他是我中华全民族的骄傲，是我中华民族的灵魂！"[20]

（五）长寿之道

北大哲学系素以长寿系著称，在这个"长寿俱乐部"里，有95岁的冯友兰先生、张岱年先生、梁漱溟先生，98岁的周辅成先生。100岁的张世英先生曾经刷新了"长寿俱乐部"的纪录，现在，这个纪录又被

图 7-61　和长子晓岚、孙女园园摄于中关园家中（1993 年春节）

图 7-62　和外孙女在一起

图 7-63　和外孙女赵婧泉、孙子张澎、孙女张必菲在中关园家中合影（1994年）

图 7-64　和家人摄于山西绵山（左起：赵誉泳、张晓嵋、赵婧泉、张世英、张晓崧、赵倩、张必菲、张晓岚，2007年2月19日）

图 7-65　一家四代同堂（2018 年）

图 7-66　2020 年家人为先生祝寿

图 7-67　晓崧陪父亲散步

图 7-68　和重孙女在一起

打破了：杨辛先生享年102岁。令人惊叹的不仅仅是这些哲学老人的长寿，而且是他们直到生命的终点都保持着的创造力！

关于长寿的原因，科学界有很多说法，既涉及家庭遗传，也和生活方式有关。据笔者的观察，张世英先生的长寿，一个重要的外部原因是家庭的和睦。张先生多次说过，即使在"文革"那段艰难的岁月，家庭也一直是他可以停靠的港湾。在一篇谈论书斋的散文中，先生写道："我的书斋从来都是家人团聚和闲谈的中心，他们都不搞哲学，但都爱坐在我的书斋里聊一些富于哲理的问题。学文学的妻子，学自然科学与新闻的儿女在闲谈中都能给我的书斋增添乐趣，给我的哲学思维以具体内容。"[21] 妻子彭兰去世以后，张先生又走过了30年的人生旅程，但他从未失去家庭的温暖，孝顺的儿女一直陪伴在左右。

从主观方面看，张先生的长寿也许得益于以下的人生态度和生活习惯：

图 7-69　2019 年夏摄于京郊

图 7-70 2019 年 8 月 31 日和家人、友人游世博园

看淡生死。2020 年初，笔者和商务印书馆的陈小文同学去看望先生，临别之际，先生对我们说：是和你们说再见的时候了。语气是那样的平静，令人难以置信！据先生次子晓崧回忆：2020 年 8 月 30 日，也就是先生去世前 10 天，一位友人准备去看望他，先生平静地问晓崧："他知道我快要死了吗？"晓崧回答："不知道。"先生带着笑意说："你告诉他，我快死了。"这是何等的人生境界呀！

亲近自然。先生晚年酷爱山水田园，尤其喜欢去山里转。他多次说过："我觉得我的长寿和喜欢经常到山里转有关。"据北大哲学系校友会会长彭兴业回忆，晚年的张先生最喜欢去怀柔"转山"，前后去过近百次。96 岁高龄时，从《北京新闻》得知，怀柔最北部有一个喇叭沟门，高山上盛开的杜鹃花美不胜收，先生便抑制不住激动的心情，执意立即前往。5 个小时的车程，他毫无倦意，看到姹紫嫣红的高山杜鹃，高兴得像个孩子，兴奋地说："此花为我开！"[22]

淡泊名利。这是北大哲学系老寿星们共同的人生态度。在接受记者采访时，张先生说过："我不仅拒绝当官，就连学术界申请什么研究

图 7-71　2014 年冬在家中写作

图 7-72　晚年在电脑上工作（2017 年 4 月 29 日）

图 7-73　晚年在轮椅上看书（2020年 4 月 29 日）

项目、奖金之类，我都不沾边。我主编的《黑格尔辞典》获得过北京市和国家级的奖励，那是北京大学有关负责人要求我申请的。因为这是集体的作品，涉及他人利益，我不能不遵命填写申请表。《北京大学学报》多次给我颁发优秀论文奖，那也是他们主动评选后通知我的，不需要作者申请。"[23] 女儿晓嵋也回忆说：面对"哲学教育终身成就奖"和"思勉原创奖"等奖项，他也只是淡然一笑。

勤于思考。先生经常开玩笑说：学哲学可以防老年痴呆！纵观他漫长的学术人生，可以发现：他最具原创性的哲学思想大都是在 70 岁以后提出的。熟悉先生的朋友、同事和学生都很感慨：年近百岁的时候先生仍然精神矍铄，思维敏捷，语言流畅。这和他长期保持思考的习惯不无关系。

图 7-74　和外孙女在武汉中山公园游玩（1988 年）

保持好奇心。一直到他的晚年，先生始终保有一颗"赤子之心"，所有新鲜的讯息他都有兴趣去了解，所有新鲜的事物他都愿意去尝试。80 岁时，他开始使用电脑，随后开通了微信和网上银行。由于晚年听力有所下降，我们和他的交流更多地是通过邮件和微信进行的。"甚至临终前三四天的夜晚，他起身上卫生间时，还会拿起手机看看有什么微信和邮件。"[24]

图 7-75　2002 年春节和家人游清东陵

七、百岁哲人的诗意人生 | 283

图 7-76　97 岁时在智能手机上浏览文章

图 7-77　和北大学生交谈

图 7-78　和吴国盛教授在一起

图 7-79　和国家林业局原局长赵树丛亲切交谈

七、百岁哲人的诗意人生 | 285

图 7-80　与黄克剑教授摄于深圳（1999 年 1 月）

保持和年轻人的交往。 由于有足够长的人生跨度，张先生结识了不同领域、不同阶层、不同年龄段的众多学生和友人，这是他永葆青春的一大秘诀。无论这些人的年龄多大，先生在和他们的交往中一律以"学友"相称，始终保持年轻的心态。

适当的运动。和北大哲学系的其他寿星一样，张先生从不刻意追求长寿，也很

图 7-81　2003 年大年初一和女儿晓嵋摄于密云

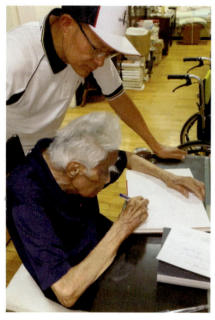 

图 7-82　在生命最后阶段为中国民营经济研究会原常务副会长王忠明题字赠书　　图 7-83　在香山公园散步（2019 年 3 月 2 日）

少用心于五花八门的"养生"之道，但他是一个生活比较有规律的人，早中晚各散步一次，每次半个钟头到一个钟头。60 年代初，他学会了打 24 式简易太极拳，此后几乎每天都要打一两次，极少间断，一直到 90 岁为止。

八、致敬"大先生"

（一）感谢与祝福：汪子嵩、张世英、黄枬森三老九秩百人学术研讨会

2010年，适值汪子嵩、张世英、黄枬森三位西南联大的老同学和北大哲学系的老同事九十大寿。为感谢他们对北大哲学系和中国哲学事业做出的突出贡献，北大哲学系于10月10日在北京大学正大国际中心举行了"感谢与祝福：汪子嵩、张世英、黄枬森三老九秩百人学术研讨会"。出席会议的百余位专家学者回忆了他们受教于三位先生的过往，畅谈了三位先生在各自研究领域取得的卓越成就，表达了对他们的崇敬之情与衷心祝福。比他们三位小一岁的杨辛教授代表哲学系为他们分别书写了"知水仁山""道通为一"和"厚德载物"三幅书法作品。清华大学哲学系、中国人民大学哲学院、北京师范大学哲学与社会学学院、中国政法大学人文学院、中国浦东干部学院、中国马克思主义哲学史学会、《光明日报》等单位向大会发来了贺信并敬献了花篮。

图 8-1 2011 年，北大哲学系举行汪子嵩、张世英、黄枬森三老九秩学术研讨会（1）

图 8-2　2011 年，北大哲学系举行汪子嵩、张世英、黄枬森三老九秩学术研讨会（2）

（二）获授"北京大学哲学教育终身成就奖"

2012 年 10 月 27 日，在北京大学哲学系百年庆典仪式上，黄枬森、张世英、杨辛、汤一介四位老教授被授予"北京大学哲学教育终身成就奖"，以表彰他们长期以来为哲学教育和研究所做出的突出贡献。《颁奖辞》如下："北京大学哲学系欣逢百年盛典，哲人辈出、群星垂曜。其中黄枬森先生、张世英先生、杨辛先生、汤一介先生，从教逾六十载，德隆当代，学迈前贤，襟怀博雅，堪称翘楚；邃密经史，融汇中西，寓精思于审问之中，阐卓见于真知之后；著作等身，桃李成林；今依旧心期自守，开拓不辍。北京大学哲学系以崇敬和感激之心情，

图 8-3 "北京大学哲学教育终身成就奖"表彰辞

图 8-4 2012 年 10 月 27 日,北京大学哲学系举行"哲学教育终身成就奖"颁奖仪式,张先生次子张晓崧(右二)代表父亲领奖

特为四老颁请终身成就奖,奖金五十万,以彰显他们为哲学教育做出的重大贡献。"

对张世英先生的《表彰辞》:"张世英先生:天人之际,澄明之境;精神现象,惟吾德馨。融通中西,回复本然,建构真善美一体之希望哲学。"

(三)"境界与文化"学术研讨会暨张世英先生九五寿诞祝寿会

2016年5月20日是张世英先生95岁华诞。由北京大学哲学系、北京大学出版社、北京大学外国哲学研究所主办,北京大学美学与美育研究中心承办的"境界与文化"学术研讨会暨张世英先生九五寿诞祝寿

图 8-5　和林建华校长交谈

图 8-6　出席会议的朱德生教授（左）、张立文教授（右）

图 8-7　出席会议的叶朗教授（左）、陈启伟教授（右）

八、致敬"大先生" | 293

图 8-8　"境界与文化"学术研讨会暨张世英先生九五寿诞祝寿会合影（2016 年 5 月 20 日）

会在北大中关新园隆重举行，来自全国各地高校、研究机构的一百多位专家学者出席了此次盛会。北京大学校长林建华教授，北京大学哲学系原主任朱德生教授、叶朗教授，北京大学外国哲学研究所原所长陈启伟教授，中国人民大学张立文教授，清华大学国学院院长陈来教授，以及来自清华大学、复旦大学、社科院哲学所、湖北大学等单位的多位学者做了大会发言。侯鸿勋教授手书的"不老松"三个大字表达了先生的同事、友人和学生对他的衷心祝福。北京大学出版社出版的10卷本《张世英文集》首次与读者见面。

（四）《哲学导论》荣获第三届"思勉原创奖"

思勉原创奖是以华东师范大学吕思勉先生命名的一个学术奖项，奖励对象为改革开放以来人文学科领域首次出版、具有重大影响的原创性学术成果。张世英先生的《哲学导论》获第三届"思勉原创奖"。评审专家认为，"张世英教授的著作《哲学导论》的原创性在于：本书究天

图 8-9 "第三届思勉原创奖"证书

地人神之际，通古今中西之变，达哲学澄明之境，成理论一家之言。张世英先生以其毕生治学精神和人生体验，精心撰写的《哲学导论》，在我国哲学研究范式发生急剧变革的年代，为中国哲学走向世界作出了杰出贡献"[1]。

2015年12月20日，颁奖典礼在华东师范大学举行，张先生在会上发表了题为"世界视野下的原创性"的书面讲演。他指出：原创的根本是"独立思考"，其中，"独立"就是要重自我的独立性，"思考"则是要重理论思维。从总体上说，这两点都是中国传统文化所欠缺的，所以，中国传统文化"缺少理论上的重大创见"。"中华文化未来的发展，有待于努力提高此种原创性。"[2]

（五）张世英美学哲学学术奖励基金

为了弘扬张世英先生的学术精神，奖励在哲学、美学、艺术学等领域做出突出学术贡献的著名学者和在相关领域崭露头角的青年学术才俊，中国泛海公益基金会向北京大学教育基金会捐资3000万元人民币，设立"张世英美学哲学学术奖励基金"。2016年9月2日，捐赠仪式在北京大学李兆基人文学苑举行。中国泛海控股集团有限公司董事长卢志强先生、北京大学党委书记朱善璐先生、海淀区政协主席彭兴业先生、中国文联理论研究室主任庞井君先生、北京大学哲学社会科学资深教授叶朗先生，以及北大哲学系、美学与美育研究中心和教育基金会的师生代表出席了捐赠仪式。张世英先生亲临现场并发表了热情洋溢的讲话。

图 8-10　中国泛海公益基金会向北大捐资设立"张世英美学哲学学术奖励基金"（2016 年 9 月 2 日）

图 8-11　在捐赠仪式上致辞（2016 年 9 月 2 日）

图 8-12　2017 年 12 月 26 日，北京大学举行首届"张世英美学哲学学术奖励基金"颁奖仪式

图 8-13　2019 年 5 月 19 日，北京大学举行第二届"张世英美学哲学学术奖励基金"颁奖仪式

图 8-14　第二届"张世英美学哲学学术奖励基金"颁发仪式前和北京大学党委书记邱水平在一起（2019 年 5 月 19 日）

图 8-15　在第二届"张世英美学哲学学术奖励基金"颁奖仪式上发言

图 8-16　王博副校长在第二届"张世英美学哲学学术奖励基金"颁奖仪式上致辞

图 8-17　2023 年度世英哲学奖颁奖典礼（2023 年 12 月 24 日）

（六）获授"汤用彤学术奖"

"汤用彤学术奖"是以国学大师汤用彤先生命名的国学研究领域至高终身成就奖，旨在发扬汤用彤先生"昌明国故，融会新知"的学术主张，推进中华优秀传统文化的传承与创新。2018年9月26日，由北京汤用彤书院、四川文化艺术学院汤用彤国学院等多家单位联合举办的首届海峡两岸应用国学论坛暨汤用彤学术奖颁奖仪式在北京汤用彤书院学衡讲堂举行。张世英先生获授2018年度"汤用彤学术奖"，评审委员会的《颁奖辞》如下："易经济，转哲学。是学问三千，殊途而同归。先生执鞭宇内，胸怀经世赤心，思辨天人古今。七十年来，竞桃李芳菲，五大洲里，育天下英才。诲人孜孜传薪火，授业垦垦携后进。师者气象，蔚为大观。汲孔孟，涉西学。故执笔述道，百虑而一致。先生博通中西，继承孔孟精粹，融取黑氏英华，明达自然，澄怀格知。据

图 8-18 获聘四川文化艺术学院汤用彤国学院资深教授（2018年）

图 8-19 2018 年度"汤用彤学术奖"获奖证书

道以辅万象,穷理交通物我。昌明国故,融会新知。综达中外哲学,涵衍万有相通。名实相辅,当之无愧。"

(七)"张世英与当代中国比较哲学"学术研讨会

2020 年 6 月 20—21 日,武汉大学哲学学院和北京大学哲学系共同主办了"张世英与当代中国比较哲学研讨会"。来自北京大学、武汉大学、中国社会科学院、清华大学、中国人民大学、北京外国语大学、复旦大学、中山大学、湖北大学、东华理工大学、澳门大学、香港中文大学的 23 位专家学者以线上方式参加了会议。张世英先生通过短视频寄语本次会议"和而不同,万有相通",北京大学副校长王博教授、武汉大学哲学学院院长吴根友教授在开幕式上致辞。与会嘉宾从不同角度对张世英先生的哲学思想进行了深入探讨。闭幕式上,北京大学哲学系主任仰海峰教授对张世英先生百年寿辰表示了祝贺,高度评价了张先生的哲学思想和此次会议的重要意义。

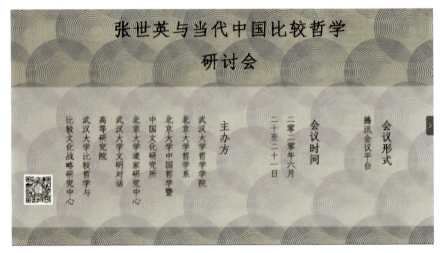

图 8-20　张世英与当代中国比较哲学研讨会（2020 年 6 月 20—21 日）

（八）百岁哲人张世英先生追思会

2020 年 12 月 19 日，北京大学哲学系和北京大学美学与美育研究中心在京举行了"百岁哲人张世英先生追思会"，先生的同事、友人、学生和亲属 70 余人参加了会议。与会嘉宾从多个角度对这位百岁哲人非同寻常的学术人生进行了追思，缅怀和先生的亲情、友情、师生情，一些未能参会的学生和友人也发来了纪念文章。北京大学党委书记邱水平对张先生留下的宝贵精神财富进行了高度概括：一是确立了"探究天人古今"的学术格局，二是创建了"万有相通"的哲学体系，三是形成了"不知老之将至"的治学精神。北京大学文科资深教授叶朗先生深情地说："张先生去世了，但是张先生并没有离开我们。张先生的学问，张先生的精神，张先生的人格，张先生的爱心，都依然伴随着我们，依然照亮我们的心灵，激励我们去从事文化学术的创造，去追求人生的神圣价值，追求人生的圆满和平静。"

由北京大学哲学系（宗教学系）和北京大学美学与美育研究中心编纂的《百岁哲人：张世英先生纪念文集》于2021年由商务印书馆出版。

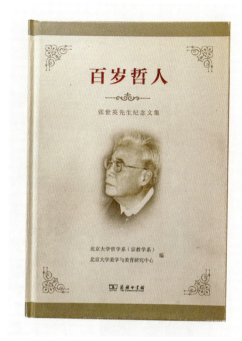

图 8-21　《百岁哲人：张世英先生纪念文集》

图 8-22　张世英先生子女为父亲守灵（左起：张晓崧、张晓嵋、张晓岚）

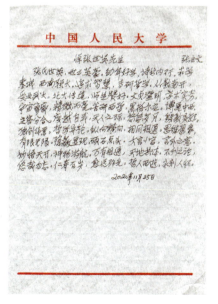

图 8-23　张立文《悼张世英先生》

图 8-24 百岁哲人张世英先生追思会合影（2020 年 12 月 19 日）

（九）张世英哲学思想研究

张世英先生在哲学基本理论、德国古典哲学、现当代西方哲学、中西哲学会通和美学等领域都取得了卓越成就，形成了具有鲜明时代特色和中国气派的原创性哲学体系。多年以来，学术界对张先生哲学思想的各个方面进行了广泛研究。2008年，由林可济、黄雯合著的《张世英哲学思想研究》由人民出版社出版。2020年，由北京大学哲学系（宗教学系）、北京大学美学与美育研究中心编纂的《张世英哲学思想研究文集》由商务印书馆出版。《外国哲学》第41期开辟"大师百年"专栏，致敬汪子嵩、张世英、陈修斋三位先生。湖北大学哲学学院葛梦喆撰写了题为"张世英后期哲学思想研究"的博士学位论文。

图 8-25　和 1954 年考入北大哲学系的林可济在一起（2018 年 8 月 13 日）

图 8-26 林可济、黄雯《张世英哲学思想研究》

图 8-27 《张世英哲学思想研究文集》

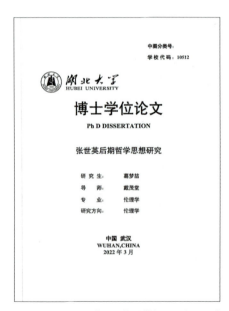

图 8-28 葛梦喆《张世英后期哲学思想研究》

（十）张世英书院揭牌

张世英先生是家乡的骄傲。早在先生在世时，当地政府就与先生及家人商议，在柏泉建设张世英书院，并作为北京大学哲学美学和文化创意教学实践研究基地。2023年5月20日，书院揭牌仪式在武汉市东西湖区柏泉街隆重举行，来自全国各地的专家学者、张先生的家人和友人以及当地党政领导共同见证了这个庄严的时刻。在"北京大学哲学美学和文化创意教学实践基地战略合作协议"签约仪式上，中共武汉市委宣传部部长吴朝安、武汉市东西湖区区长周明、北京大学哲学系党委书记束鸿俊、北京大学文化传承与创新研究院执行院长杨玉娟分别致辞。随后，"万有相通　美在自由：张世英哲学美学思想暨张世英书院建设学术研讨会"隆重召开。《中国艺术报》《湖北日报》《长江日报》等多家媒体对此次活动做了报道，《人民网》《光明网》《中国新闻网》《湖北文明网》等也对相关报道进行了转载。

图 8-29　"北京大学哲学美学和文化创意教学实践研究基地战略合作协议"签约仪式（2023年5月20日）

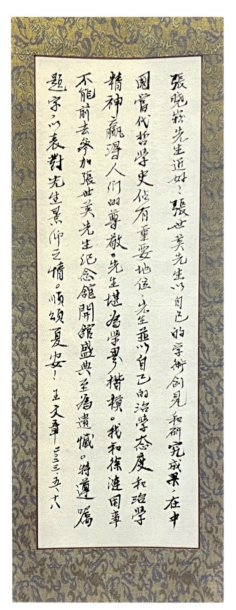

我所主張的哲學是一種教人以終得起痛苦和磨煉的人生態度之學

敬書張世英先生語以誌張世英紀念館開館盛典 王文章

張曉崧先生近好，張世英先生以自己的學術創見和研究成果，在中國當代哲學史佔有重要地位，並堪以自己的治學態度和治學精神贏得人們的尊敬。先生堪為學界楷模，我和徐漣因車不能前去參加張世英先生紀念館開館盛典至為遺憾。特遵囑題字以表對先生景仰之情。順頌夏安！ 王文章 二三五八

图 8-30　文化部原副部长王文章先生就张世英书院揭牌活动写给张世英次子张晓崧的信函

图 8-31　文化部原副部长王文章先生手书张世英先生语录

图 8-32　武汉大学文明对话高研院院长吴根友教授为书院揭牌题词

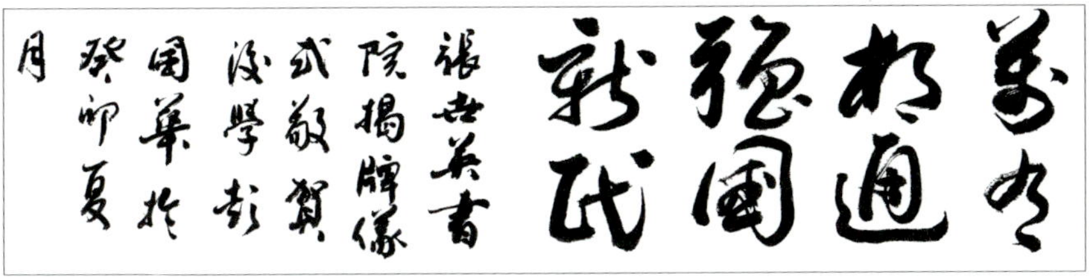

图 8-33　张世英弟子、人民日报《人民论坛》总编辑彭国华为书院揭牌题词

图 8-34　张世英书院（冯天瑜先生为书院题字）

图 8-35　张世英书院揭牌仪式（2023 年 5 月 20 日）

图 8-36　参加张世英书院揭牌仪式的嘉宾合影（2023 年 5 月 20 日）

注 释

一

1　张世华：《还我河山》，载《东西湖》杂志 2016 年第 1 期。
2　同上。
3　张世英：《白发归来思万千》，载《张世英回忆录》，中华书局，2013 年，第 176 页。
4　张世英：《人生的"借贷簿"》，同上书，第 15 页。
5　张世英：《怀念我的中学国文老师》，同上书，第 16—17 页。
6　同上书，第 32 页。
7　同上书，第 42 页。
8　张世英：《西南联大的图书馆——茶馆》，同上书，第 46、47 页。
9　张世英：《贺麟先生引领我走上了哲学之路》，载《我的思想家园》，中国三峡出版社，2009 年，第 104 页。
10　张世英：《冯友兰先生指引我初识中西哲学》，同上书，第 114 页。
11　张世英：《冯友兰先生把我引向了西方哲学》，载《张世英回忆录》，第 58 页。
12　张世英：《养育我哲学生命的恩师冯文潜先生》，同上书，第 54 页。
13　同上书，第 56 页。
14　张世英：《汤用彤先生的玄远之境和趣闻》，同上书，第 64 页。
15　同上。
16　张世英：《我与北大》，同上书，第 315 页。
17　张世英：《金岳霖先生的大度》，同上书，第 68 页。
18　张世英：《金岳霖先生让我爱上了分析哲学》，载《我的思想家园》，第 120 页。
19　同上书，第 122 页。
20　张世英：《引领我走上哲学之路的贺麟先生》，载《张世英回忆录》，第 51 页。
21　张世英：《永不消逝的一件红毛衣》，同上书，第 212 页。

22　张世英：《归途——我的哲学生涯》，人民出版社，2008年，第28页。
23　闻黎明：《张世英与西南联大》，载《百岁哲人：张世英先生纪念文集》，商务印书馆，2021年，第101—102页。
24　同上书，第103页。
25　同上书，第102页。
26　张世英：《闻一多先生和我的人生转折》，载《张世英回忆录》，第76页。
27　同上。
28　张晓岚：《与人为善的母亲彭兰先生》，载《中国艺术报》2014年12月17日。

二

1　张世英：《我与武汉大学》，载《张世英回忆录》，第330页。
2　张世英：《走出象牙之塔以后》，同上书，第82页。
3　韩水法主编：《北京大学哲学学科史》，商务印书馆，2014年，第195页。
4　任吉悌：《燕园读书》，载王宗昱编：《苦乐年华》，北京大学出版社，2004年，第158页。
5　王宗昱主编：《愿随前薪作后薪：北大哲学系百年系庆系友回忆文集》，北京大学出版社，2012年，第322页。
6　陈启伟：《严师之教》，载《外国哲学》第三十六辑，商务印书馆，2019年，第13页。
7　张世英：《走出象牙之塔以后》，载《张世英回忆录》，第82页。
8　张世英：《归途——我的哲学生涯》，第76页。
9　张世英：《引领我走上哲学之路的贺麟先生》，载《张世英回忆录》，第53页。
10　徐中远：《毛泽东晚年读书纪实》，中央文献出版社，2012年，第493—494页。
11　张世英：《十年"文革"一曲悲歌》，载《张世英回忆录》，第101页。
12　张晓嵋：《思念我的父亲》，载《百岁哲人：张世英先生纪念文集》，第389页。
13　赵修义：《亲历现代西方哲学研究的开放》，载《探索与争鸣》微信公众号。
14　张世英：《十年"文革"一曲悲歌》，载《张世英回忆录》，第102页。
15　同上书，第104页。
16　陈启伟：《外国哲学研究所》，载《北京大学哲学系史稿》，2004年，第292页。
17　张世英：《在回归自我思想家园的途中》，载《张世英回忆录》，第107页。
18　张祥龙：《时晕与几微——现象学时间与〈周易〉象数时间的原结构比较》，载《张世英哲学思想研究文集》，商务印书馆，2020年，第96页。
19　杜小真：《不仅仅是"怀念"——回忆张世英先生随感》，载《百岁哲人：张世英先生纪念文集》，第 57 页。
20 王蓉蓉：《怀念我的导师张世英先生》，同上书，第 172 页。
21 张晓嵋：《思念我的父亲》，同上书，第 389 页。
22 陈来：《追怀张世英先生》，同上书，第 110 页。
23 彭国华：《经师 业师 人师——怀念我的导师张世英先生》，同上书，第 314 页。
24 参见邓安庆：《人攀明月不可得，月行却与人相随——记跟张世英先生学习德国哲学的岁月》，同上书，第 202—204 页。
25 戴茂堂、江畅：《张世英先生与湖北大学哲学学科》，同上书，第 230 页。
26 湖北大学新闻网 2016 年 4 月 1 日。
27 张世英：《吴宓先生给我的启示》，载《张世英回忆录》，第 41 页。
28 甘绍平：《张世英先生在社科院讲授"审美的自由境界"》，载《百岁哲人：张世英先生纪念文集》，第 196 页。
29 彭兴业：《哲学大师，人生楷模——深切缅怀敬爱的张世英老师》，同上书，第 162 页。
30 张世英：《博学慎思》，载《人民日报》2003 年 2 月 17 日。
31 张世英：《师心与师古》，载《北窗呓语：张世英随笔》，东方出版社，1998 年，第 52 页。
32 张世英：《从高考生文言写作想到的》，载《张世英回忆录》，第 341 页。
33 同上书，第 343 页。
34 同上书，第 340 页。
35 张世英：《郢书燕说——评外国哲学研究中的一种现象》，载《北窗呓语》，第 147 页。
36 同上。
37 张世英：《谈谈哲学史的研究和论文写作》，载《北窗呓语》，第 281 页。
38 张世英：《独立思考：学术进步的核心要义——关于消除中国传统文化弊端的对话》，载《张世英文集》第 10 卷，北京大学出版社，2016 年，第 625 页以下。
39 张世英：《我最喜爱的十本书》，同上书，第 468—472 页。

三

1 杜小真：《不仅仅是"怀念"——回忆张世英先生随感》，载《百岁哲人：张世英先生纪念文集》，第 56 页。
2 张世英：《论黑格尔的精神哲学》，载《张世英文集》第 1 卷，第 65—66 页。

3　同上书，第 65 页。
4　张世英:《自我实现的历程——解读黑格尔〈精神现象学〉》，同上书，第 333 页。
5　同上书，第 354 页。
6　同上书，第 373 页。
7　张世英:《哲学导论》，《张世英文集》第 6 卷，第 32 页。
8　同上书，第 33 页。
9　张世英:《自我实现的历程——解读黑格尔〈精神现象学〉》，山东人民出版社，2011 年，第 24 页。
10　张世英:《天人之际——中西哲学的困惑与选择》，《张世英文集》第 5 卷，第 4 页。
11　同上书，第 9 页。
12　张世英:《中西文化与自我》，人民出版社，2011 年，第 39 页。
13　同上书，第 46 页。
14　张世英:《天人之际——中西哲学的困惑与选择》，《张世英文集》第 5 卷，第 68 页。
15　张世英:《中西文化与自我》，第 75 页。
16　同上书，第 79 页。
17　张世英:《哲学导论》，北京大学出版社，2002 年，第 41 页。
18　同上书，第 49 页。
19　张世英:《美在自由——中欧美学思想比较研究》，《张世英文集》第 9 卷，第 53 页。
20　张世英:《哲学导论》，第 273 页。
21　同上书，第 272 页。
22　同上书，第 277 页。
23　同上书，第 278 页。
24　同上书，第 281 页。
25　同上书，第 42 页。
26　张世英:《传统与现在》，《张世英文集》第 10 卷，第 112—113 页。
27　同上书，第 113 页。

四

1　张世英:《"万有相通"的哲学——我的〈哲学导论〉一书》，载《九十思问》，中国人民大学出版社，2016 年，第 124 页。
2　张世英:《哲学导论》，第 79 页。

3 张世英：《美在自由——中欧美学思想比较研究》，人民出版社，2012年，第302页。
4 同上书，第23页。
5 张世英：《境界与文化》，载《我的思想家园》，第80页。
6 张世英：《美是从个体到无限性母源的回归》，载《九十思问》，第214页。
7 张世英：《审美—超越—自由》，载《羁鸟恋旧林：张世英自选集》，首都师范大学出版社，2008年，第67页。
8 张世英：《哲学导论》，第130页。
9 同上书，第128页。
10 张世英：《美在自由——中欧美学思想比较研究》，第347页。
11 同上。
12 张世英：《提高境界之学——我的〈哲学导论〉》，载《羁鸟恋旧林：张世英自选集》，第291页。
13 张世英：《哲学导论》，第154页。
14 张世英：《市场经济与终极关怀》，载《羁鸟恋旧林：张世英自选集》，第108页。
15 张世英：《哲学导论》，第130页。
16 张世英：《市场经济与终极关怀》，载《羁鸟恋旧林：张世英自选集》，第109页。
17 张世英：《崇尚科学理性 发扬民主》，载《九十思问》，第192页。
18 同上书，第194页。
19 张世英：《审美与科学同根同源》，同上书，第232页。
20 张世英：《审美启蒙》，同上书，第278页。

五

1 张世英：《耕耘在〈光明日报〉的园内与园外》，载《张世英回忆录》，第309页。
2 同上书，第311页。
3 张世英：《"三十年华转眼过，天涯浪迹岁蹉跎"——在政治运动的夹缝中做学问》，载《九十思问》，第94页。
4 《光明日报》2019年6月17日。
5 张世英：《中国与德国哲学的对话——〈德国哲学丛刊〉发刊辞》，载《北窗呓语》，第258、260页。
6 北京大学哲学系、宗教学系官网。
7 陈小文：《思言谢——在张世英先生追思会上的发言》，载《百岁哲人：张世英先生纪念文集》，第 253 页。
8　张晓松：《我的父亲张世英》，载《百岁哲人：张世英先生纪念文集》，第 406 页。
9　赵敦华：《张世英主编〈黑格尔著作集〉和〈世界思想家译丛〉的贡献和意义》，载《张世英哲学思想研究文集》，第 484—485 页。

六

1　白乐桑：《纪念张世英教授：缘分》，载《百岁哲人：张世英先生纪念文集》，第 107—108 页。
2　彼得·巴腾：《否定性与辩证唯物主义——张世英对黑格尔辩证逻辑的解读》，载《张世英哲学思想研究文集》，第 575 页。
3　同上书，第 580 页。
4　同上书，第 594 页。
5　《张世英文集》第 10 卷，第 124 页。
6　同上书，第 437 页。
7　同上书，第 387 页。
8　同上。
9　隈元忠敬：《中国的哲学界——参加中国湖北大学国际哲学学术讨论会和访问中国社会科学院后记》，载《湖北大学学报（哲学社会科学版）》1990 年第 2 期。

七

1　赵小也：《人生哲理两茫茫——张世英教授的哲学人生》，载《华人》杂志 1999 年第 6 期。
2　张世英：《我喜欢无标题音乐》，载《张世英回忆录》，第 198—200 页。
3　张世英：《我的"喜欢"与"不喜欢"》，同上书，第 162 页。
4　张世英：《欲话苦难言》，同上书，第 145 页。
5　严绍璗：《我的老师们》，载《读书序录》，北京大学出版社，2021 年，第 289 页。
6　傅世侠：《燕园，我的人生起点与归宿》，载《苦乐年华》，第 120 页。
7　王景琳：《"清辉依旧透窗纱"——忆北京大学中文系教授彭兰先生》，载《中国艺术报》2019 年 7 月 8 日。
8　彭兰：《若兰诗集》，华夏出版社，1989 年，第 11 页。
9　张世英：《一个幽灵的叹息》，载《北窗呓语》，第 120 页。

10 张世英：《张世英学术文化随笔》，中国青年出版社，2002年，第381页。
11 张世华：《还我山河》，载《东西湖》杂志2016年第1期。
12 张世英：《九十习字》，载《张世英回忆录》，第193页。
13 张世英编写，李超杰注释：《中西古典哲理名句——张世英书法集》，译林出版社，2018年，第5页。
14 张晓崧：《我的父亲张世英》，载《百岁哲人：张世英先生纪念文集》，第409页。
15 张世英：《一个幽灵的叹息》，载《北窗呓语》，第122页。
16 燕舞、李舒、肖畅：《张世英：散步时还想哲学问题》，载《我的思想家园》，第218页。
17 张世英：《白发归来思万千》，载《张世英回忆录》，第180页。
18 张世英：《天池镜泊洗胸怀》，同上书，第210页。
19 张世英：《遥远的想象》，载《光明日报》2013年11月1日。
20 张世英：《渊明遗风何处寻》，载《九十思问》，第295页。
21 张世英：《书斋的历程》，载《北窗呓语》，第266页。
22 彭兴业：《哲学大师，人生楷模——深切缅怀敬爱的张世英老师》，载《百岁哲人：张世英先生纪念文集》，第163—164页。
23 张世英：《独立思考：学术进步的核心要义——关于消除中国传统文化弊端的对话》，载《张世英文集》第10卷，第626—627页。
24 张晓崧：《我的父亲张世英》，载《百岁哲人：张世英先生纪念文集》，第411页。

八

1 《第三届思勉原创奖公告》，载《光明日报》2015年10月9日。
2 张世英：《世界视野下的原创性》，载《九十思问》，第206页。

主要参考文献

一、张世英先生著作

1. 《北窗呓语——张世英随笔》,东方出版社,1998年。
2. 《自我实现的历程——解读黑格尔〈精神现象学〉》,山东人民出版社,2001年。
3. 《哲学导论》,北京大学出版社,2002年。
4. 《张世英学术文化随笔》,中国青年出版社,2002年。
5. 《归途——我的哲学生涯》,人民出版社,2008年。
6. 《羁鸟恋旧林:张世英自选集》,首都师范大学出版社,2008年。
7. 《我的思想家园》,中国三峡出版社,2009年。
8. 《中西文化与自我》,人民出版社,2011年。
9. 《美在自由——中欧美学思想比较研究》,人民出版社,2012年。
10. 《张世英回忆录》,中华书局,2013年。
11. 《张世英文集》(10卷),北京大学出版社,2016年。
12. 《九十思问》,中国人民大学出版社,2016年。

二、其他

1. 《张世英哲学思想研究文集》,商务印书馆,2020年。
2. 《百岁哲人:张世英先生纪念文集》,商务印书馆,2021年。
3. 李超杰:《论张世英对黑格尔学术的贡献》,载《哲学分析》2017年第1期。

4. 李超杰：《世界哲学舞台上的百岁哲人》，载《哲学分析》2021 年第 2 期。
5. 李超杰：《张世英先生的哲学之路》，载《外国哲学》第 41 辑，商务印书馆，2021 年。
6. 李超杰：《不同而相通——张世英"万有相通"哲学述要》，载《中国哲学年鉴》2021 年卷。

张世英年谱

1921 年	5 月 20 日，出生于武汉市东西湖区柏泉，9 岁前在乡间私塾念书。
1930 年	到汉口第六小学插班进入四年级读书，父亲张石渠任该校教导主任兼国文老师。
1931 年	参加汉口市小学语文、数学竞赛，均获得五年级组第一名。
1938 年	春季，初中毕业，以优异成绩考入湖北省高级中学。 8 月，武汉沦陷前夕，湖北省政府将省内 47 所公私立中等以上学校组建为"湖北省立联合中等以上学校"，简称"湖北联中"。张世英在"湖北省立联合中学巴东高商分校"（简称"联中高商"）学习一年。
1939 年	秋季，回到母校"湖北省立联合中学建始高中分校"，继续高中二年级和三年级的学习。
1941 年	春季，获湖北省高中毕业会考第一名。因得罪同学中的三青团员被列入黑名单，会考结束次日，从鄂西山区逃往重庆。 秋季，以优异成绩考入西南联大经济系。
1942 年	1942 年秋至 1943 年夏，休学一年，在昆明附近的县城中学教书，贴补生活费用。
1943 年	秋季，从经济系转入社会学系。
1944 年	秋季，听了贺麟先生的"哲学概论"后转入哲学心理学系。
1945 年	7 月 22 日，与闻一多先生的高足和干女儿彭兰结婚。闻一多先生是彭兰的主婚人，冯文潜先生是张世英的主婚人，汤用彤

	先生是两人的证婚人。
1946 年	5 月，从西南联大哲学心理学系毕业，获文学学士学位。
	7 月 10 日，离开昆明回武汉前，和彭兰前往闻一多先生家中告别。
	7 月 11 日，和彭兰乘汽车离开昆明，晚宿曲靖县，听闻李公朴遇刺的消息。
	7 月 17 日，汽车行至贵阳，见报载闻一多先生于 7 月 15 日遇刺身亡，从贵阳给闻一多先生夫人发去唁电。
	8 月，应南开大学文学院院长兼哲学教育系主任冯文潜先生的聘约，到南开大学哲学教育系任助教。次年，彭兰从武汉前往南开大学中文系任助教。
1948 年	秋季，加入共产党外围组织"民青"。
1949 年	天津解放后，担任南开大学校务委员会委员和天津市高等院校讲师助教联合会主席。
1951 年	秋季，辞去南开大学的教职，到武汉大学哲学系任讲师。
1952 年	10 月，回到母校北京大学哲学系，在马列主义教研室讲授"马列主义基础"课程。
1953 年	秋季，调入外国哲学史教研室。
1956 年	《论黑格尔的哲学》出版（上海人民出版社）。
	与贺麟先生合著的《黑格尔关于辩证逻辑与形式逻辑的关系的理论》出版（上海人民出版社）。
1957 年	参加"中国哲学史座谈会"，做了题为《略谈对唯心主义的评价问题》的发言。
	与洪潜、任华、汪子嵩、陈修斋、朱伯崑合著的《哲学史简编》出版（人民出版社）。
1958 年	负责《光明日报·哲学》专刊的编辑工作，至 1966 年。
	"大跃进"运动中，下放劳动。

1959 年	《论黑格尔的逻辑学》出版（上海人民出版社）。
1960 年	晋升副教授。
1961 年	参加全国宣传工作会议，在大会上做题为"批判新黑格尔主义"的报告。
1962 年	《黑格尔〈精神现象学〉述评》出版（上海人民出版社）。
1972 年	与汪子嵩、任华等合著的《欧洲哲学史简编》出版（人民出版社）。
1973 年	与洪潜、任华、汪子嵩、陈修斋、朱伯崑合著的《哲学史简编》日译本出版（东京：东方书店）。
1975 年	《论黑格尔的逻辑学》日文版出版。 译著巴克莱《人类知识原理》，略加修改后收入北京大学哲学系编《十六—十八世纪西欧各国哲学原著选辑》（商务印书馆）。
1978 年	《论黑格尔的哲学》法文译注本出版。
1979 年	11 月，参加在山西太原召开的全国现代外国哲学讨论会。
1980 年	招收"文革"后第一批硕士研究生。
1981 年	6 月，任中华全国外国哲学史学会理事。 9 月，"纪念康德《纯粹理性批判》出版 200 周年和黑格尔逝世 150 周年学术讨论会"在人民大会堂举行，张世英等四位国内专家学者做了大会发言。
1982 年	《黑格尔〈小逻辑〉绎注》出版（吉林人民出版社）。 10 月，参加"中国全国外国哲学史学会《小逻辑》研读班"。
1983 年	译著库诺·菲舍尔的《青年黑格尔的哲学思想》出版（吉林人民出版社）。 1 月，晋升教授。 6 月，出席"复旦大学哲学系《西方哲学史》（下册）审稿会"。 9 月，出席中华全国外国哲学史学会首届年会。
1984 年	任北京大学学术委员会委员、外国哲学研究所学术委员会主任。

获聘《中国大百科全书》哲学卷编委兼外国哲学史编写组副主编。

获聘南京大学哲学系兼职教授。

1985 年　创建湖北大学哲学研究所并任所长。

1986 年　《论黑格尔的精神哲学》出版（上海人民出版社）。

主编的《德国哲学》丛刊出版（北京大学出版社）。

4月，彭兰、张世英合著的《谈闻一多的新诗及其思想——纪念闻一多先生逝世四十周年》在《文史哲》发表。

10月，出席在瑞士卢塞恩举行的主题为"唯心主义中和现代哲学中的统一性概念"的国际哲学讨论会，做题为"黑格尔关于反思与对立统一性的学说"的公开讲演。

1987 年　开始招收博士研究生。

《康德的〈纯粹理性批判〉》出版（北京大学出版社）。

7月，参加国际形而上学联合会在北京大学召开的"人与自然"学术讨论会。

9月，出席在联邦德国吉森举行的第十四届德国哲学大会，在专题小组会上做题为"西方哲学史上的主体性原则与中国哲学史上关于人的理论"的学术报告，并接受了德国电台记者的专访。

1988 年　4月，在湖北大学主持"哲学与人"国际哲学学术研讨会，110余位国内外著名专家学者与会。

5月，出席在巴黎召开的国际辩证哲学大会，在小组会上做题为"黑格尔关于人的理论"的学术报告。

1989 年　与汤一介先生一起创立"中西哲学与文化研究会"并任会长，著名德国哲学家伽达默尔先生任名誉会长。

为已故妻子彭兰先生编辑的《若兰诗集》出版（华夏出版社）。

9月，出席在美国芝加哥举行的纪念海德格尔诞辰百周年的国

	际哲学讨论会,在大会上做题为"海德格尔与道家"的学术报告。
1990 年	7 月,应邀赴日访问京都大学、广岛大学、广岛工业大学,在京都大学做了题为"中国哲学界对黑格尔的研究与解释"的报告。
1991 年	主编的《黑格尔辞典》出版(吉林人民出版社)。 任中国文化书院导师。 12 月 16 日,出席"近代东西文化关系国际学术讨论会"。
1992 年	1 月,出席北京大学中国传统文化研究中心成立座谈会。 6 月,应邀到奥地利维也纳大学和德国美因兹大学做题为"超越自我"的公开讲演。 由伽达默尔先生任名誉主编、张世英和汤一介两位先生任主编的《中西哲学与文化》丛刊出版。
1993 年	10 月 23 日,参加"中西印文化的融合及其发展前景国际研讨会"——纪念张申府、汤用彤、梁漱溟诞辰 100 周年。
1994 年	主编的《黑格尔辞典》获北京市第三届哲学社会科学优秀成果一等奖。
1995 年	3 月,出席在美国孟菲斯大学举行的第 8 届国际康德哲学大会,做题为"康德哲学与中国哲学"的小组报告。 《天人之际——中西哲学的困惑与选择》出版(人民出版社)。 《论黑格尔的精神哲学》再版(台北唐山出版社)。
1996 年	7 月 6 日,出席由北京大学举办的"纪念闻一多教授殉难 50 周年座谈会"并作发言。 11 月 1 日,出席"现代科学与哲学研究中心成立大会"。 出席"冯友兰诞辰 101 周年座谈会",做题为"重读冯友兰解放前的《中国哲学史》"的发言。
1997 年	主编的《新黑格尔主义论著选辑》上卷出版(商务印书馆)。

	获聘英国剑桥国际传记中心名誉顾问。
	5月，获聘"北京大学欧洲研究中心"学术委员会委员。
1998年	《北窗呓语——张世英随笔》出版（东方出版社）。
	4月，《北窗呓语——张世英随笔》首发式在北京大学举行，著名学者张中行、张岱年、龚育之、李连科、王树人、乐黛云等应邀出席。
	5月，参加由北京大学中国传统文化研究中心主办的"汉学研究国际会议"，做题为"中西哲学与文化精神"的报告。
1999年	1月，获聘《世界文化名人辞海》特邀顾问编委。
	《进入澄明之境——哲学的新方向》出版（商务印书馆）。
2000年	8月，参加"云南省文化建设高级研讨会"，做题为"顽石文化与钢筋文化"的小组发言。
2001年	4月，出席"全国马克思主义哲学与现代西方哲学教学改革研讨会"。
	80岁为大一本科生讲授专业基础课"哲学导论"。
	《自我实现的历程——解读黑格尔〈精神现象学〉》出版（山东人民出版社）。
2002年	《哲学导论》出版（北京大学出版社）。
	《张世英学术文化随笔》出版（中国青年出版社）。
	与赵敦华共同主编的"世界思想家译丛"出版（中华书局）。
	9月，参加在武汉大学举行的"海峡两岸西方哲学东渐学术研讨会"。
	12月10日，参加"贺麟先生百年诞辰纪念会"并做发言。
2003年	为华为总监以上干部讲授"西方现代哲学论和谐相处"。
	主编的《新黑格尔主义论著选辑》下卷出版（商务印书馆）。
	2月，参加"中西哲学视野中的现代性"研讨会。
	11月，参加《江海学刊》创刊45周年庆祝活动。

	选编的贺麟先生译《小逻辑》节选本出版（商务印书馆）。
2004年	2月26日，出席在人民大会堂举行的"康德'三大批判'新版出版座谈会暨纪念康德逝世200周年大会"并做发言。
	《新哲学讲演录》出版（广西师范大学出版社）。
	8月9日，作为特邀嘉宾出席中国哲学大会（2004）。
	11月，出任北京大学美学与美育研究中心学术委员会主任。
2006年	出任《黑格尔著作集》中文版主编（人民出版社）。
2007年	《境界与文化——成人之道》出版（人民出版社）。
2008年	《归途——我的哲学生涯》出版（人民出版社）。
	11月18日，参加人民出版社主办的《归途——我的哲学生涯》出版座谈会。
	《羁鸟恋旧林——张世英自选集》出版（首都师范大学出版社）。
2009年	《我的思想家园》出版（中国三峡出版社）。
2010年	《西方哲学史》出版（中国大百科全书出版社）。
	8月，参加第十八届世界美学大会并做主题演讲。
	10月10日，由北京大学哲学系主办的"感谢与祝福：汪子嵩、张世英、黄枬森三老九秩百人学术研讨会"在北京大学正大国际中心举行。
	12月7日，出席在中国美术馆举行的"美伴人生——杨辛书法展"。
2011年	1月10日，"文化选择与文化发展：杜维明—张世英—黄枬森先生中西马高端对话"在北京大学百周年纪念讲堂举行。
	《张世英讲演录》出版（长春出版社）。
	《中西文化与自我》出版（人民出版社）。
2012年	《美在自由：中欧美学思想比较研究》出版（人民出版社）。
	10月27日，获授"北京大学哲学教育终身成就奖"。

| 2013 年 | 《万有相通：哲学与人生的追寻》出版（北京师范大学出版集团）。
《觉醒的历程——中华精神现象学大纲》出版（中华书局）。
《张世英回忆录》出版（中华书局）。
12月24日，中华书局举办的张世英先生新书座谈会在京召开。年逾九旬的张先生携新书《觉醒的历程——中华精神现象学大纲》和《张世英回忆录》出席。 |
| 2014 年 | 担任中国文艺评论家协会第一届顾问。
11月30日，参加题为"美感的神圣性"的"美学散步文化沙龙"，与杨振宁、马凯、杜维明、叶朗等著名专家学者共同讨论美学问题。 |
| 2015 年 | 《哲学导论》一书获第三届"思勉原创奖"。
7月23日，出席《黑格尔著作集》首批译著出版座谈会。
10月16日，出席首届中国文艺评论年会，做题为"艺术生活化、生活艺术化"的主旨演讲。
12月5日，出席北京大学美学散步文化沙龙主办的"自由之巅：科学与艺术的相遇"主题沙龙，做题为"审美与科学同根同源"的发言。 |
| 2016 年 | 《九十思问》出版（中国人民大学出版社）。
《张世英文集》（10卷本）出版（北京大学出版社）。
5月20日，"境界与文化"暨张世英先生学术思想研讨会在北京大学举行。
9月2日，"张世英美学哲学学术奖励基金"捐赠仪式在北京大学举行。
11月17日，"德国哲学：文本与现实暨《德国哲学》创刊30周年学术研讨会"在湖北大学举行，丛刊创始人张世英先生以视频录像的方式发去贺词。 |
| 2017 年 | 7月，在北京大学美学与美育研究中心和首都师范大学美育研 |

究中心联合举办的第2期"中国美学暑期高级研修班"上做题为"意象之美的哲学本体论基础"的主旨演讲。

8月,出任"第二十四届世界哲学"大会中国组委会荣誉委员,并在大会启动仪式上做主题演讲。

11月,任德国哲学专业委员会学术委员会名誉主任。

11月27日,在"美,让我们团结在一起:中梵民间美学哲学论坛"上做题为"文艺复兴和审美意识的本质"的主题发言。

12月26日,出席首届"张世英美学哲学学术奖励基金"颁奖仪式。

2018年　《张世英黑格尔哲学五讲》出版（文化艺术出版社）。

文汇讲堂推出"聆听世界哲人、亲近当代哲学——庆贺第24届世界哲学大会在北京召开·24位世界哲学家访谈录"。

3月,张世英先生接受了访谈,是入选的三位中国大陆哲学家中最年长者。

5月6日,出席在中国政法大学举行的首届"中国和文化"座谈会并发表致辞。

8月,在"第24届世界哲学大会"上发表题为"做一个有诗意的自由人"的主题演讲。

9月26日,荣获"汤用彤学术奖"。获聘四川文化艺术学院汤用彤国学院资深教授。

12月18日,出席由北京大学美学与美育研究中心和译林出版社共同主办的"美在自由——《中西古典哲理名句:张世英书法集》新书沙龙"。

2019年　为庆祝中华人民共和国成立70周年,《文汇报》推出《我和我的祖国70年70人》系列报道。1月30日,刊发对张世英先生的访谈:《将哲学带出寂静冷宫》。

为庆祝《光明日报》创刊70周年,《光明日报》全媒体启动了

	"70年70人"系列微视频拍摄,采访了科技人文领域数十位泰斗。作为《光明日报》的老朋友,98岁的张世英先生通过视频发去寄语。
	5月19日,出席第二届"张世英美学哲学学术奖励基金"颁奖仪式并做发言。
	主编的"世界思想家译丛"更名为"伟大的思想家",由清华大学出版社出版。
2020年	《中西哲学对话:不同而相通》出版(东方出版中心)。
	6月20—21日,北京大学和武汉大学联合主办"张世英与当代中国比较哲学研讨会",会议开幕式上,张世英通过短视频寄语本次会议:"和而不同,万有相通"。
	8月,获聘北京大学文化传承与创新研究院名誉院长。
	9月10日10时49分在北京大学国际医院逝世,享年100岁。

后 记

经过几个月的酝酿和写作，在先生诞辰103周年之际，这本《张世英画传》终于可以交稿了。此时的心情颇为复杂，既有完成心愿之后的喜悦与满足，更有深深的惶恐与不安。先生仙逝以后，笔者先后参与了《张世英哲学思想研究文集》《百岁哲人：张世英先生纪念文集》和《张世英书院揭牌专刊》的策划和组织工作，并在报纸杂志上发表了几篇纪念文章，可以说为本书的写作积累了一些素材，但在写作过程中仍常常感到力不从心。先生的次子晓崧曾把父亲人生的独特性概括为四个方面：一是足够的人生跨度；二是足够的历史曲折；三是足够的哲学思考；四是足够的人生体验。显然，这本画传无论在广度还是深度上都远远未能充分展现这位百岁哲人独特而丰富的精彩人生，不妥之处，恳请广大读者批评指正。

本书的写作得到了先生的家人、友人和学生的大力支持。先生的三个子女晓嵋、晓岚和晓崧不仅提供了大量的文字和图片资料，而且对本书的初稿提出了很多修改意见。著名美术理论家、书画艺术家、中央美术学院邵大箴先生为本书题写了书名。庞井君先生、甘绍平先生、孙向晨先生、戴茂堂先生、胡自信先生、赵涛先生、宋泽滨先生、李少华先生、贾红波先生、周礼信先生、熊仁强先生等，也为本书提供了相关资料。田炜女士为本书的编辑付出了辛勤的劳动。北京大学外国哲学研究所为本书的写作提供了方便和支持。在此一并致谢！

李超杰

2024年5月20日于北京西郊徜徉集